Wilfried Sennewald

•

Sind Sie der Zug nach Leipzig?

Widmung

„So nimm mich denn hin, Leser, ganz so, wie ich bin! Sei überzeugt, dass ich auch da, wo ich sprach, wie ich besser nicht gesprochen hätte, doch immer das Gute beabsichtigte, dass ich nirgends einem Menschen, sondern nur der Torheit und Schwäche, und auch dieser nur heiter und liebevoll, entgegenstrebte, dass ich selbst tadelnd bloß den aufrichtigen Wunsch hatte zu bessern! "

Ernst Ortlepp (1800–1864),
liberaler Dichter und Journalist

Wilfried Sennewald

Sind Sie der Zug nach Leipzig?

Eisenbahn-Innenansichten

FRIELING

Bibliografische Information der Deutschen Nationalbibliothek
Die Deutsche Nationalbibliothek verzeichnet diese Publikation in der
Deutschen Nationalbibliografie; detaillierte bibliografische Daten sind im
Internet über http://dnb.d-nb.de abrufbar.
© Frieling-Verlag Berlin • Eine Marke der Frieling & Huffmann GmbH &
Co. KG
Rheinstraße 46, 12161 Berlin
Telefon: 0 30 / 76 69 99-0
www.frieling.de

ISBN 978-3-8280-3143-2
1. Auflage 2013
Umschlaggestaltung: Michael Reichmuth unter Verwendung einer Fotografie
des Autors
Sämtliche Rechte vorbehalten
Printed in Germany

Inhalt

Prolog

Hochverehrte Leserschaft!

Bei dem sich vor Ihnen befindenden humoristischen Kunstprodukt handelt es sich gänzlich um eine Fiktion. Mit den in selbiger wahrnehmbaren Behauptungen, Analysen und geschmacklichen Zumutungen im Grenzbereich des psychisch Aushaltbaren überlässt sich der Verfasser vollständig Ihrer Bewertung: War das jetzt zu derb, zu lasch? Entspricht jenes Verhaltensmuster der Realität – wäre dort eine Metapher hilfreich gewesen? Hat er nicht mehr alle Kekse in der Dose, übertreibt er verantwortungslos oder stimmt die Sache zuverlässig? Haben Sie teil an meiner realen Fantasie, begleiten Sie die Reise!

Beim Sturz hinter den fahrenden Zug erschüttern bürgerliche Gewissheiten! Wie bei einer Tour mit schnaufender Dampflok lassen wir die Fahrt leise beginnen, distinguiert, übersichtlich; dann kommt langsam Geschwindigkeit auf, alles zischt, kracht und schnaubt in ungeahnter Kraft und steigert sich mit jeder Seite unhaltbar von Irrsinn zu Aberwitz …

Mein Tatsachenbericht soll keineswegs als kümmerliche Rache für etwaige erlittene Unbill missverstanden werden. Das habe ich nicht nötig; überdies ließe sich solch bitteres Negativum fast jedwedem Berufsbild abnötigen. Ich bin durchaus, trotz allem, seit je gerne Zugbegleiter und bleibe dies immerdar, wenn sie mich lassen. – Vielmehr suche ich einer Flut knochentrockener Fachliteratur und kenntnisfreier Außenansichten den intimen Kern der wahren Befindlichkeit eines Personals entgegenzusetzen, welches vom eigenen bürokratischen Verwaltungsapparat, großenteils geistesgestörter Kundschaft und sensationslüsternen Massenmedien leidenschaftlich drangsaliert und zerrieben wird.

Was man hier erlebe, darüber ließe sich ein Buch schreiben, höre ich recht oft in meinem Arbeitsumfeld. Bitte sehr, bedienen Sie sich, es liegt endlich vor! Mit 150 Jahren Verspätung, so was gab's selbst bei der Bahn noch nicht. Aber „Gut Ding will Weile haben", singt der Volksmund. Unsere Zugbegleiter bekommen endlich ihr Recht. Die Zeit wurde überreif dafür. Für jeden Einzelnen kann ich nicht sprechen, denn es ist meine subjektive Sicht. Vieles dürfte Ihnen dennoch bekannt vorkommen; und wer es besser weiß, der tue das Seine!

„Gestatten Sie mir bitte, Ihnen den individuellen Türöffnungsservice der Deutschen Bahn vermittels meiner Person angedeihen zu lassen, gnädige Frau!" Versöhnt solch auserlesen schöngeistige Formulierung, die niemals verstanden, jedoch stets freudig angenommen wird, alle vernagelten Kritiküsse meiner Anmaßung? Wohlan, urteilen Sie selbst!

1. Zum Thema

Handelt es sich hier um den 134 000. Versuch, einer ungeheuren Dichte zwischenmenschlicher Begegnungen, den unzähligen Anekdötchen, wie sie im Zugbegleitdienst der Deutschen Bahn (DB) erlebbar werden – und nur dort –, literarisches Gepräge zu geben? Oder um ein wüstes Pamphlet hinsichtlich zerrütteter Zustände? Um feinfühlige Prosa oder eher deftige Schimpfkanonaden? – Aber gewiss doch! All das und mehr: Dieser satirische Lesestoff gibt pointierte Einblicke hinter die Kulissen einer Großbürokratie, deren Strategie mitunter öffentlich recht ambivalent wahrgenommen wird, und soll die ebenso langweilig-vertrottelten Spießer wie gehässig-oberflächlichen Phrasendrescher Lügen strafen, die in Zugbegleitern nichts mehr als Automaten auf zwei Beinen sehen.

Den täglichen Schmähungen rasender Wutbürger, die in ihrem Kaff noch den Mond mit der Stange an den Himmel schieben, ihren moralinsauren Frechheiten und kleinkarierten Attacken gegen ehrbares Zugbegleitpersonal wird hier erstmals in der deutschen Eisenbahngeschichte ein hässliches Spiegelbild vorgehalten. Aber bitte schön, das ist ja nur die böse Folge tagtäglich erlittener primitiver Stimmungsmache gegen unsere verantwortungsvolle Tätigkeit. Wer sich gerne anschnauzen lässt, vor allen Dingen plötzlich und unerwartet, aus dem Nichts heraus und für nichts, möglichst so heftig, dass die Pumpe richtig losflattert, für den ist der Beruf des Zugbegleiters ideal; empfehlenswert insbesondere mit Blick auf ein gesundes Herz und langes Leben, gell?

Und all die Aufsteiger und Überflieger, welche unsere wohlgeordnete Institution karrierefördernd als christliche Morgengabe nebenbei auf unsere Kosten durchfüttert, die da „Menschenführung" lernen, sprich: welche „nach oben" buckeln, wie sie „nach unten" treten, bekommen gehörig ihr Fett weg von mir, dass ihre Manschetten wie Kastagnetten klappern. Am Nasenring werden sie durch die Arena getrieben, bis sie wie auf einer Sennewälder Kirmes tanzen!

Sollte dieser Rhythmus jemandem nicht behagen und „zu nahe gehen", wäre das kein Zufall, sondern edelste Absicht. Denn ich glaube nicht, die derart Gegeißelten seien Scharlatane – ich *weiß* es!

Dieser fröhliche, gesunde Aufsatz ist einem einzigartigen Metier und einer liebenswürdigen Kollegenschaft zugeeignet, mit der ich unvergessliche Jahre auf der Schiene teilte. Ich kenne Euch und Ihr kennt mich. So soll es sein.

In Treue fest!

Euer
Wilfried Sennewald, genannt „Senni"!

2. Bisheriges

Taucher, Frauenarzt, Kalfaktor ... mit recht seltsamen Beruflichkeiten vermögen wir unsere Tage zu verbringen, nicht wahr. Aber doch, für alle erkenntlich, zum Nutzen der Gesellschaft. Meinetwegen auch Schriftsteller. Jegliches im menschlichen Hirn Entstehende passt nun mal auch zwischen zwei Buchdeckel.

Was veranlasst einen bis dahin normalen Zeitgenossen, ausgerechnet Zugbegleiter zu werden? Wird der Zug denn nicht vom Lokführer gefahren? Müsste der dann nicht Lok-*Fahrer* heißen? Und ist der Zugführer nicht ein Unteroffiziersdienstgrad bei der Armee? Wer führt hier wen? Was macht eigentlich ein Zugchef? „Cheft" der den ganzen Tag? Gibt es nur noch Altersschwache, die „betreut" werden müssen? Und betreut der Zugbegleiter den Betreuer oder umgekehrt? Wozu diese verwirrende Begriffsvielfalt? Schlichte Gemüter, zum Beispiel Fernsehreporter, verwechseln gerne Triebfahrzeugführer mit Zugführern. Ist aber auch manchmal nicht so einfach, oder?

Also, ganz von vorne. Am Anfang war das Rad. Mit der technischen Entwicklung der Eisenbahn seit fast 200 Jahren fand selbstredend eine technische Spezifizierung statt, welche ohne exakte Verortung hätte keinerlei Effizienz erlangen können. Seit den frühesten Betriebsreglements mussten, nach und nach, mit stetig sich steigernder Sicherheitsrelevanz, etwa durch höher werdende Geschwindigkeit, auch entsprechende Standards erwachsen. Mit dieser Wahrheit sind die Ersten schon überfordert. Na ja, wer die tiefen Teller nicht erfunden hat, wie man so sagt, stuft den Achtungspfiff des Zugführers als bahntypische Lärmbelästigung ein und fällt sofort in Ohnmacht.

Personenzüge boten von Beginn an reichliches Gefahrenpotenzial, welches sowohl dem Experimentalcharakter des jungen Unternehmens geschuldet war als auch menschlicher Unvernunft, der wir uns übrigens bis zum heutigen Tage bevorzugt dann gegenübersehen, wenn sie einem gewissen Herdentrieb entspringt. Das reisende Publikum, oder doch wenigstens einzelne Exemplare jener besonderen Gattung, vor den fatalen Folgen ihrer eigenen Dummheit zu bewahren, ist ein Wesensmerkmal unseres bizarren Berufes geblieben. Gedankt wird einem die Initiative wenigstens mit bösartigen Pöbeleien. Die morschen Knochen dieser Kackeier sind mir herzlich egal, aber ihr Verlust hielte den Bahnbetrieb auf, und das kann keiner wollen.

Wem dieses durchaus nicht einzuleuchten vermag, der schaue sich den Leichtsinn an, mit welchem ein guter Teil – ich würde sagen, die Masse – unserer verehrten Kundschaft am Bahnsteig einfahrenden Zügen entgegenhampelt. Sicherheitsabstand? Bremsweg? Nee, nie gehört. Die akustische Aufforderung zur „Vorsicht an der Bahnsteigkante" bei „ein-", „aus-"

oder „durchfahrenden Zügen" wird so stupide ignoriert wie vom Vieh auf der Weide. Eigentlich eine
Beleidigung, was? Zumindest für die braven Rindviecher, denn die reagieren naturgemäß, nicht so de-
monstrativ unlogisch wie Obige. Dort wird dämlich
rumsalbadert, und schon ist es passiert. Bahnsteig-
personale, wie sie bis jetzt bei anderen Bahnen üblich
sind, wurden bei uns konsequent „wegrationalisiert".
So können in China Unbelehrbare direkt des Ge-
ländes verwiesen werden. In Deutschland scheint
die Hausordnung nur ausgehängt, damit sie eben
da rumhängt. Trete ich also einem Radfahrrüpel am
Bahnsteig ordentlich in die Seite, werde *ich* bestraft.
Traurig, aber wahr. Reden kann man mit diesen
Narren sowieso nicht. Da wirken nur sofortige hohe
Geldbußen. Ausnahmslos.

3. Reichsbahn-Fragmente

Mich selber verschlug es nach einer Lehre beim Gleis-baubetrieb der Deutschen Reichsbahn 1978–1980 und weiteren, insbesondere wagendienstlichen Tätigkeiten dortselbst letzthin zum Zugbegleitdienst. Keine besondere Intention war Maßgabe für diesen Schritt, wie er in Westdeutschland früher als Laufbahnentscheidung einer Kategorie des Beamtenapparates entsprach; vielmehr hatte er unter anderem mit einem gediegenem Umfeld und guten Verdienstaussichten zu tun. Außerdem gefielen mir Anspruch und Ambiente – sowie bei der Reichsbahn die Kunst des Machbaren. Für erwähnenswert halte ich die Fülle der verschiedenen Arbeitsstationen in Betrieb und Verkehr, damals unter Umständen erwünscht als Erfahrungsfeld vor einer zu zeitigen Spezialisierung. So waren früher meist Direktions-Präsidenten vom Werdegang her Eisenbahner; eine, Respekt fördernde, Tatsache. Heute kommt man aus der Versicherungs-branche, hat seine Nase-Weisheiten aus dem Internet und ist gleich „Marketing-Experte". So nennt man Strategen, die von allem etwas, aber nichts richtig verstehen. Jedenfalls bezogen auf Eisenbahnwissen, ergibt ihre Fachhuberei hier keinen Sinn, da ihre Primärkenntnis keinen Praxisbezug hat. Sie verkaufen etwas, von dem sie keine Ahnung haben. Das ist wörtlich gemeint.

Meiner Auffassung nach spielte damals das SED-Parteibuch als Protektion eine geringere Rolle als in anderen gesellschaftlichen Bereichen. Staatsbahnen sind natürlicherweise auch staatsnah, dennoch ist ein Regierungsgebilde, insbesondere das eines Regimes, auf deren fachliche Kompetenz durchaus angewiesen. Die, im Vergleich zur restlichen DDR-Wirtschaft, scheinbar relativ hochgradige Autarkie der Reichsbahn machte sie für Berufsanfänger attraktiv. Familientraditionell vorgebildet, reizte mich als 16-jährigen Provinzhistoriker zudem deren besondere Aura als Namensrest alter Reichsherrlichkeit. Ein interessanter Anachronismus im ansonsten auf terminologisch reine Ideologie eingeschworenen Ost-Mief, dessen Stumpfsinn schon der Jugend auf die Nerven ging. Hier versprach die gute alte Reichsbahn wenigstens Ablenkung von der allgemeinen Malaise.

Ins politische System war jeder Einzelne mehr oder weniger stark eingebunden, gewiss. Aber Schichtarbeitern winkte in einer Mangelgesellschaft die sogenannte „Blaue Karte", ein Dauerfreifahrschein für alle Strecken der Deutschen Reichsbahn; Einzelfahrten sogar ins – sozialistische – Ausland! Ausnahmen bildeten wenige Streckenkilometer in räumlicher Nähe zur innerdeutschen Grenze. Man kannte seine begrenzte Freiheit. Wenn man rund 15 Jahre auf ein Auto zu warten hatte – Individualverkehrsmittel sehe ich als zu risikoreich grundsätzlich skeptisch –, kam einem diese besondere Vergünstigung im engmaschigen Streckennetz der DDR gerade recht. Bis heute wird, auch wiedervereinigt, extern mit ihr geworben. Es wird arbeitgeberseitig gern so getan, als sei der Freifahrschein ein großzügiges „Geschenk" von „oben". Blödsinn, wenn's nach denen ginge, die bei uns das Sagen haben, müssten wir noch Geld auf Arbeit mitbringen. Selbstverständlich sind Fahrvergünstigungen kein unverdientes Privileg, sondern vom Ursprung her ein hart erkämpftes und streng verteidigtes Tarifdetail für Nacht- und Schichtarbeiter, die ihre Gesundheit der Sache opfern und nachweislich im Durchschnitt kürzer leben als Sesselfurzer; nunmehr inflationär gemissbraucht und an alle möglichen Ein- und Aufsteiger, Volontäre, Praktikanten und Doktoranden verschleudert, deren Nutzen im Unternehmen gegen „null" tendiert, da sie von der Eisenbahn so viel verstehen wie Wellensittiche von Ornithologie. Heute gibt es noch einige Einzelfahrten pro Jahr für alle Bahner; die schöne „Blaue Karte" von einst ist für uns längst Geschichte. Angeblich aus steuerlichen Gründen. – Dahinter steckt mehr.

4. Der Spezialist

Seinen Arbeitsalltag auf Werkstatt, Vertrieb oder Verwaltung zu insistieren, mag vernünftig sein und gute Seiten haben; letztendlich aber ist die Bahn den Menschen als expedierend im Bewusstsein, als güter- und personenbeförderndes Konstrukt. So liegt es nahe, den Fahrbetrieb als identitätsstiftend für das eigene Berufsbild anzunehmen. Zumal richtet sich das Angebot an präzise Sorgfalts- und Pflichtmenschen.

Eisenbahner sind mitunter sympathische Fachidioten – Männer zumeist, Frauen weniger – oder auch mal verschrobene Einzelgänger, welche, dienstlich und auch privat, danach trachten, alle Strecken abzuklappern, insbesondere, um diese oder jene Lokomotivbaureihe, übereinstimmend mit ihrer Literatur, vor Ort in Aktion zu erleben, bestimmte Wagengattungen im Zugverband genießen zu können oder sich in dröge Überlegungen zu Oberbau, Trassenführung, Spurbreite, Traktionsart und Organisationselemente zu vergrübeln, welche so langweilig sind wie ein verregneter Sonntag, die eigene Steuererklärung oder anderer Leute Urlaubsfotos. Zwecklos, diesen Sonderlingen ihre Marotten ausreden zu wollen. Deren Selbstbeweihräucherung offenbart immer neue traurige Tiefpunkte einsamer, unverstandener Seelen. Solche Figuren halten sich und ihr Extremwissen für elitär und gehen daher mit demselben ihren Mitbürgern hausierend und um Bestätigung heischend aufs Gemüt.

Darinnen jedoch, merkt dies, scheint eine ernsthafte philosophische Komponente auf: die Liebe zur Maschine, einem von Menschen zum Leben erweckten Gesponst, an dessen Wirkungsmacht und Zustandekommen sie womöglich beteiligt waren. So lassen wir ihnen denn ihren schrulligen Glauben, der niemandem schadet. Er heißt auch Idealismus und tief verwurzelte Gewissheit: Die Bahn ist ein technisches Universum!

5. Wesen und Alltag des Zugbegleitdienstes, Teil A

Zur Motivation des Reisens, insbesondere dem auf der Schiene, ist schon alles gesagt worden. Selbstredend muss eine in automobilen Wahnvorstellungen versaufende Egoistennation wie die sich derzeit gebende deutsche Gesellschaft allseits unfähig bleiben, die ausgeprägten Vorzüge ihres – noch – leistungsstarken Eisenbahnwesens als solches wahrzunehmen und überzeugt zu nutzen. Die banale Beobachtung gut besuchter und voller Züge beschreibt lediglich eine äußere Tatsache: den grundsätzlichen Nachweis graduell hoher Mobilität!

Das immer wieder bedauerlicherweise zur Kenntnis gegebene Unvermögen einer realistischen Gewichtung allereinfachster zu beachtender Notwendigkeiten beim Bahnfahren in weiten Kreisen unserer verehrten Kundschaft war und ist Segen und Fluch zugleich.

Gegenseitige Rücksichtnahme, Verhalten am und im Zug, Grundwissen um Beförderungsbedingungen – etwa, dass es überhaupt so was gibt, sowie die Anerkennung derselben mit dem Kauf der Fahrkarte und Inanspruchnahme der Leistung –, Regeln zur Gepäckmitnahme, Rechte *und* Pflichten der Passagiere, eigene Lautstärke, Hilfsbereitschaft, Ordnungssinn, Benehmen gegen Mitreisende und Personal usw.

sind bei unseren lieben Gästen bekanntlich verschieden stark ausgeprägt.

Jeder erahnt an dieser Stelle die Ambivalenz unseres Berufes; das Verhältnis kann bis zu 300 Personen gegenüber einem Zugbegleiter betragen. Demnach wird die Bedeutung des Zugbegleitpersonals in seinem Selbstverständnis als Ordnungsfaktor ebenso klar ersichtlich wie das darin lauernde Konfliktpotenzial.

Nun sind nicht gerade 300 Randalierer an die Kette zu legen; gleichwohl zeigt sich oft drastisch oben erwähnter Herdentrieb: Ein übler Solidarisierungseffekt mit unruhigen Elementen und die hämische Wollust an Aufruhr und Chaos – sofern sie erst mal folgenlos scheint für den Meuterer selbst – sind für gar nicht mal wenige Reisende bemerkenswert.

Andere wachsen in der Not und verblüffen die Fahrgemeinschaft mit ungeahnten Leistungen mildtätiger Hilfe am Nächsten.

In der freiwilligen Verpflichtung zum Zugbegleitdienst betritt der Eisenbahner eine Sparte seines Berufes, die ihn mit sämtlichen Unzulänglichkeiten des menschlichen Daseins konfrontiert, als da unter anderem sind: Liebeskummer/Trennungsschmerz, Unfähigkeit zum Rückwärtsfahren, vergessene oder falsche oder ungültige Fahrkarten, fehlende Einsicht in die Notwendigkeit umfassender Fahrscheinprüfungen (worauf noch intensiv eingegangen wird) – und alle Stufen alkoholischer Zustände. Technische

Probleme jeder Art sind an der Tagesordnung, zum Beispiel bei der Energieversorgung, bei Heizungs- und Klimaanlagenausfall, Brems- und Türstörungen, „Überfrequentierung" des Zuges – „Sardinenbüchsensyndrom"! „Bitte alle Stehplätze ausnutzen und zwei Stunden nicht atmen!" Sehr ausgeprägt ist die stete Überlastung mit ungeheuerlichen Gepäckmengen, halben Wohnungseinrichtungen, bestehend aus 95 Prozent Müll – wir sparen uns mal eben die teuren Umzugscontainer … „Hängt doch mehr Wagen an – Scheiß Bahn!" Nein, das ist nicht der letzte Knast-Jargon aus dem Hinterwald von Stadelheim, sondern das gepflegte Vokabular deutscher Bildungsbürger gegenüber dem Personal. Flitzpiepen, die zu dumm sind, einen Eimer Wasser umzukippen, wirken schlimmer als Gelbfieber in einer Kolonie von Leprakranken. Sie ersticken lieber im eigenen Unrat, und anstatt den ganzen Mist daheim zu lassen, befleißigen sie sich des üblichen Umgangstones, des einzig ihnen möglichen. Nicht nur in der zweiachsigen Thüringer Waldbahn.

Medizinische Ernstfälle oder, besonders tragisch, furchtbare Personenunfälle im Gleis, in der Regel suizidale Ereignisse, prägen unseren Berufsalltag des Öfteren. Dabei ist natürlich die überragende Rolle des Lokführers von zentraler Bedeutung, dessen nervlichen Zuständen angesichts des Dramas noch keine Balladen gesungen wurden. Ein Denkmal soll her für all die tapferen Eisenbahner, die den ersten Schock erdulden müssen und doch nie viel darüber reden!

Zugabfertigung? Was is'n das schon wieder? – Liebe Leute, das ist mit das Wichtigste überhaupt an unserer Tätigkeit, damit ihr uns nicht während der Fahrt abhandenkommt oder aus dem Zug purzelt! Eine Zugfahrt mit offener Tür könnte schlimmste Konsequenzen nach sich ziehen.

Der Service-Gedanke im Unternehmen ist ein unermüdlich strapazierter, ewig umstritten und enorm bedeutend. Da das Zug(begleit)personal von Kunden, Kollegen und Vorgesetzten (eine unsägliche, sehr deutsche Wortschöpfung, basierend auf Befehl, Gehorsam und Unterwerfung) unablässig beobachtet wird, entsteht ein unheimlicher Arbeitsdruck: überall und immer dem Kunden dienstbar zu sein. In erster Linie haben aber betriebliche Belange Priorität. Auch muss ständig auf mögliche Störungen oder potenzielle Gefahren geachtet werden. Am Bahnsteig eines Unterwegshaltes etwa machen uns geistig unterernährte Stoppelhopser das Leben sauer. Während der Zugabfertigung wollen sie Auskünfte haben – sehr gefährlich, aber das begreifen die nie. Nebenbei müssen wir alle Details im Auge behalten, diese klassifizieren und vor allem mit unseren Transportleitungen kommunizieren sowie unsere begehrten Fahrgeldeinnahmen sichern, vermittels der allseits beliebten Kontrollen.

6. Irrationalität nach Methode

Von „Managern", wie „leitende Persönlichkeiten" (genauso ein Quatsch, gab's früher nicht mal Dienstgrade und entsprechende Titel?) neudeutsch unablässig genannt werden müssen, wird Service, den sie selber natürlich nur punktuell, dann aber beispiellos spitzenmäßig, bringen, immer im unpassendsten Augenblick gefordert und den Reisenden eine Erwartungshaltung eingeblasen, nach welcher der Zugbegleiter – oder „Steward" – natürlich alle Wünsche gleichzeitig erfüllen kann. Individuen wie sogenannte Kompetenz- oder Exzellenz-Manager passen auf, dass andere „richtig" arbeiten, nämlich „zielführend" und „ergebnisorientiert". Aha. Natürlich feiern sich diese Experten gegenseitig mit hübsch formulierten Erfolgsmeldungen, deren positive Langzeitbilanz höheren Ortes das angestrebte Wohlwollen bewirkt. Sie werden hier und da gelegentlich als unproduktiv wegrationalisiert, tauchen aber immer mal wieder auf. Da es deren Funktion bis vor fünf Jahren nicht gab, müsste über Sinn und Unsinn ihrer Tätigkeit tatsächlich rigoros mit offenem Ausgang gestritten werden. Das wäre für mich Unternehmenskultur!

Sie werden prämiert für die „Entdeckung von Reserven" – dieses gestelzte Deutsch kenne ich noch von früher. Politoffiziere hatten diesbezüglich richtig was auf dem Kasten. Natürlich empfangen diese

„Spezialisten" ihre Lorbeeren von ebenso weltfremden Schreibstubenhengsten. Man darf nie vergessen: Diese Kollegen werden ja gut bezahlt, jedenfalls besser als ich. *Für was?!*

Wie, dies seien Verleumdungen? Dann möchte ich bloß mal wissen, was wir früher ohne diese Helden der Arbeit gemacht haben – Däumchen drehen oder was? Sind sie gar vom Himmel gefallen? Was haben sie vorher gemacht, die Schlauberger? Waren sie im Zugbegleitdienst, fehlen sie ja jetzt, denn da herrscht immer Personalmangel. Man kann das gar nicht zu Ende denken. Ist das nicht aufregend, so was? Außerdem: Getroffene Hunde bellen, oder? Gerne würde ich sie auffordern: Erklärt euch, liebe Exzellenzen, wenn ihr könnt, denn „Erklären" kommt von „Klarheit"! Gelegenheit zur Transparenz gibt's doch wohl genug. Was *ich* mache im Zug, kann jeder Interessent hautnah erleben. Andere handeln im Verborgenen. Es sollte eine Art „Fahrtenschreiber" für *alle* Personale geben. Macht auch jeder, was in seinem Arbeitsvertrag steht? Und was steht da drin? Nervensägen, die uns im Zug mit ihrem konzerneigenen Spezialwissen auf die Ketten gehen, kontern diesbezügliche Gegenfragen meinerseits immer damit, das ginge mich nichts an. Logisch, oder? Alles klar?

Mein Ziel ist kein pauschales Werturteil, schließlich habe ich auch mal einige Jahre Büroarbeit absolviert – und furzen tut jeder Mensch, nicht nur in

Sessel, heute mehr im Dienstabteil oder woanders. Ich erstrebe bedingungslose Offenheit: Wer macht was für wie viel Geld? Rechtlich problematisch? Ach nee, aber andere Unternehmen kriegen das hin! Man hätte gern gewusst, wer da welche Entscheidungen zu wessen Wohl oder Wehe über den Köpfen der Mitarbeiter trifft; wer da ein bisschen Schicksal spielt, um vom eigenen Unvermögen abzulenken. Ein legitimes Bedürfnis.

Schlüsselkonzept muss ein solches zur Humanisierung der Arbeitswelt und der nachhaltigen Beteiligung aller Beschäftigten werden – anders funktioniert die Chose nicht.

7. Sehr verehrte Kundschaft!

Der segensreichen Notwendigkeit zugbegleiterischer Berufung, der empfundenen Befriedigung, wieder einmal durch Hilfe, Auskunft, Rat und Tat Mitbürger für die Bahn gewonnen oder zumindest im Moment eingenommen zu haben und alte Leute, schöne Damen, kleine Kinder oder Behinderte von echter Betreuung im Wortsinn überzeugen zu können, steht ein Fluch gegenüber: Zugbegleiter sind seit jeher bevorzugte Hassobjekte, vorsichtig ausgedrückt, schwieriger Kundschaft, die nicht fähig oder willens ist, eigene Emotionen im Zaume zu halten. Natürlich handelt es sich bei diesen Kunden niemals um geistige Tiefflieger, Schnapprollos, Hustensaftschmuggler und Knalltüten, um Streithammel, Zyniker, Stinkstiefel, Zechpreller, Gauner und Halunken, Diebe, Betrüger, Neider, Schläger, Lustmolche, Radikale, Asoziale, Unnormale oder alkoholisiertes, ungewaschenes Lumpenpack, ultraemanzipierte Öko-Amazonen, pseudointellektuelle Langhaardackel und 70er-Jahre-Zombies, unerzogene Rotzlöffel oder profilierungsneurotische Kommunikationskrüppel – sondern um jederzeit und allseits umworbenes Publikum; und bei der Ursache jedweder Auseinandersetzung um ein Missverständnis. Hierbei bezeichne ich die persönliche Beleidigung als die mir angenehmste

Entäußerung meines Gegenübers: Sie kommt von Herzen!

„Seien Sie doch mal ein bisschen freundlicher!", bekommt der *Schaffna* schon mal zu hören nach der fünften Erläuterung in einer Stunde, warum nun „schon wieder ...?!" eine Fahrscheinprüfung bei *allen* Fahrgästen fällig wird. Die oft schrillen Tones ausgestoßene Missfallensäußerung wird meist von Zeitgenossen abgesondert, denen eine zweimal je fünf Sekunden dauernde Kontrolle auf einer sechsstündigen Bahnfahrt offenbar als unzumutbare Belästigung erscheint.

Liebe Reisende – natürlich, das können Sie nicht wissen –, Freundlichkeit und Höflichkeit sind *gebende* Attribute; sie verpuffen zu bloßem Wunschdenken, wenn sie lediglich vom jeweils anderen gefordert oder gar eingeklagt werden! Weil selbige ihre atmosphärische Wirkung lediglich zu entfalten vermögen im Moment ihres Angebotes, kann jeder nur bei sich selber anfangen. Erzwungenes Lächeln erstarrt irgendwann zu fratzenhaftem Dauergrinsen.

„Guten Tag" zu sagen ist ebenfalls kein Privilegium des Zugbegleiters. Ich meine immer: Jeder, wie er kann! Keiner wird gezwungen, einen herzlichen Morgengruß zu erwidern, man darf auch wie ein toter Karpfen glotzen; aber es spräche menschlich für den Gast und dessen geringstmögliches Minimum an Respekt und guter Erziehung, befleißigte sich derselbe solch einfacher Übung angesichts des engagierten Personals. Übrigens, der Feldversuch, nach welchem der Betreuer eine Pause einlegt im Satz, um dem Reisenden Gelegenheit zur Erwiderung zu geben, scheiterte. „Guten Tag!" – (Pause; ratlose Blicke im Fahrgastraum) – dann, nach ungefähr fünf Sekunden Schockstarre bei allen Gegrüßten: „Bitte Ihre Fahrkarten!" So funktioniert die Sache also auch nicht. Manche wünschen eine Anrede im ganzen Satz. Bitte, sehr gerne, die Zeit nehme ich mir. Aber ihre Futterluke müssen sie schon selber aufmachen, um sich zu artikulieren. Das nimmt ihnen keiner ab. Die ewige Anglotzerei am Bahnsteig oder sonst wo mit „Unternehmensbekleidung" – früher: Uniform – ist schon gewöhnungsbedürftig. Dauernd wegen irgendwelcher Auskünfte angelabert zu werden geht auf den Keks. Verweist man den Dödel auf den Fahrplan zwecks Selbststudiums, ist er schwer beleidigt. „Danke, Scheiß Bahn!" – Gerne.

8. Verspätete Einsichten

Den leidigen Verspätungen an dieser Stelle Raum wie Gerechtigkeit zu schaffen, bezeichne ich als, bisher nie gelungene, Notwendigkeit. Sie resultieren zu einem wesentlichen Teil aus dem singulären Stellenwert der Sicherheit für alle Beteiligten. Mehrere ineinandergreifende, sich gegenseitig bedingende Systeme zur Gefahrenabwehr verhindern größere Unfälle weitestgehend. Man nennt das Korrelation. Der Preis dafür heißt schnellstmöglicher Stillstand aller involvierten Betriebseinheiten, also auch der betroffenen Züge im Not- und Gefahrenfall. Sich darüber künstlich aufregen kann jeder; jedoch wäre vorheriges Nachdenken von Vorteil. So sind viele Verspätungen lediglich Folge einer anderen irgendwo im Bundesgebiet.

Beispiel: Voraussichtlich 30 Minuten Verspätung wegen einer Weichenstörung. Sofort setzt ahnungsvolles Raunen und Wispern ein im Fahrgastraum: „... die sparen Personal und Material, um Weichen seltener warten zu müssen ..." – Unsinn, alle im Bahnbetrieb genutzten Weichen werden nach strengen vorgegebenen Prüfintervallen gewartet; wobei die Witterung zusätzliche Maßnahmen in Berücksichtigung bringt. Aber völlig verkehrt ist das auch nicht vermutet. Es greift nur zu kurz. Wie viele Züge mit welch enormer Tonnenlast passieren dieses hoch beanspruchte elektromechanische Wunderstück, bevor es, bei gleichmäßiger Beaufsichtigung, doch mal versagt – aber diese Lücke sofort entdeckt und rasch repariert wird? Man stelle sich die Sache im Flugzeug vor! Gut, da oben gibt's keine Weichen, aber genügend andere Gefahrenmomente. Hier halten Sie an, aber dort? Man soll ja im Flieger schön weit vorne sitzen, damit beim Absturz der Kaffeewagen noch mal vorbeikommt.

Jetzt geht es sofort los: „Sie wollen Dienstleister sein? Ich will Entschädigung!" Ja, gütiger Himmel, was für „Schaden" ist denn entstanden? Zeitverlust? Die 30 Minuten wären so auch vergangen. Anschluss weg? Es fahren gewöhnlich noch mehr Züge, man nennt das „Vertaktung". Termin verpasst? Es gibt eine Zumutbarkeit, demnach ist schon bei der Reiseplanung großzügiger zu kalkulieren. Im Reisezentrum, am Computer oder Automaten lässt sich so was vorher berechnen. Außerdem sehen die einschlägigen Bestimmungen, in Zusammenarbeit u. a. mit diversen Fahrgastverbänden erstellt, Preisnachlässe ab einer sich immer wieder ändernden Zeitspanne vor. Zurzeit beträgt sie eine Stunde. Mit Sicherheit aber wurde potenzieller Schaden an Leben und Gesundheit verhindert. So sieht die Wahrheit aus, ihr Meckerfritzen!

Daher ist die Bitte um Entschuldigung so wenig angebracht, wie der Sinn einer Ausgabe von sogenannten Verspätungsgutscheinen prinzipiell angezweifelt werden muss. Sie sollen die Ungeduld besänftigen,

Kundschaft ablenken und mit „ihrer Bahn" versöhnen. Reine Symbolik! Aber das falsche Signal; besser wären Ehrlichkeit und umfassende Aufklärung im hier zu lesenden Sinne. Getränkeausgabe bei längerer Verzögerung ist in Ordnung. Alles darüber Hinausgehende weckt unrealistische Erwartungen und Gier.

Das gilt ferner für alle Bahnen. Und hielten die, oft verkommenen, Bahnhöfe in schlimmen Fällen ansprechende Räumlichkeiten samt Personal vor, erübrigte sich der ganze „Taxi zum Hotel"-Zirkus. Natürlich wird man die Geister, die man rief, nicht mehr los. Es geht nicht gut, jedem öffentlichen Druck, man kann das auch Erpressung nennen, nachzugeben.

Hier wird die unverändert gültige Aussage „Sicherheit geht vor Pünktlichkeit" überdeutlich. Dies sei Geschwätz, sondern Oberg'scheite ab, für die der Bahnbetrieb ein kindisches Computerspielchen ist, im Halbschlaf vom Schaukelstuhl aus nebenbei zu erledigen. Na, was will man erwarten. Wenn ich den Tag noch erlebe, an dem eine Zugfahrt ohne zügellose Pöbelei gegen das Personal stattfindet, gebe ich einen aus. Aber das wird nie, nie sein!

Der Fahrplan ist Richtschnur und Handlungsrahmen im oben beschriebenen Sinne, aber doch kein juristisch verfolgbares Heilsversprechen! Wer das nicht zu akzeptieren bereit ist, sollte sich in sein Privatblech auf vier Rädern quetschen, wo er dann vor Wut über endlose Staus ins eigene Lenkrad beißen kann. Dem menschlichen Größenwahn von jeglicher technischer Machbarkeit immer mal wieder Grenzen zu zeigen ist eine wichtige Erfahrung.

„Aber in der Schweiz und in Schweden klappt es …" – Wer diesen populären Schwachsinn von sich gibt, muss den verbogenen Horizont einer knienden Ameise haben; das ist einfach Quark. Die haben dort zwar andere Besitzverhältnisse, aber generell die gleichen Probleme. Bahn bleibt Bahn, trotz verschiedenartiger Topografie. Zudem sollte bedacht sein, dass nicht zuletzt ein kürzeres Netz und weniger Produktmasse notwendig auch eine geringere Zahl an Konfliktschnittstellen bergen.

9. Mit Volldampf in den Abgrund

Der Unverstand! Man stelle sich vor: eine Tasse Kaffee, deren Inhalt gleichzeitig heiß und kalt ist, ein Stück Brot, das nach Seife schmeckt, eine Leiche, die noch lebt. Gibt's nicht? Kann schon sein, aber ein Privatunternehmen, das in Gänze dem Staat gehört, eine Konzernstrategie, die sich daher – gewollt oder nicht – dessen Räson zu unterwerfen hat, und eine verkalkte Obrigkeit, welche sich sowohl als Arbeitgeber geriert als auch gleichzeitig zu den am besten bezahlten Arbeitnehmern im Lande gehört – so was ist kein Märchen, sondern erstaunliche Realität bei uns. Verharmlosende Kosenamen wie „Arbeitgeber" und „Arbeitnehmer" werden hier exemplarisch ad absurdum geführt. Wer läuft da fünf Meter neben der Mütze? Die Deutsche Bahn, einst auf Jahre berechenbar, wird heute von zu vielen einander widerstreitenden Interessengruppen als Verfügungsmasse missverstanden und missbraucht; nicht zuletzt hinsichtlich der unsäglichen Diskussionen darüber, ob Netz und Betrieb zu „trennen" wären oder besser nicht, wird dieser grundsätzliche Interessenkonflikt überdeutlich.

Ein Klüngel verwegener Marktideologen presst den früher sehr strapazierfähigen Grundsatz der Allgemeinnützigkeit des sinnvollsten Verkehrsmittels unserer Zeit (welch Streben ist edler?) ins kurzlebige Zwangskorsett äußerster Gewinnmaximierung, welche angeblich ob ihrer Förderung spitzentechnologischer Entwicklungen allein segensreich wirken soll. Doch Innovation um ihrer selbst willen endet in einer Sackgasse: Die Flächenvernetzung sinkt ab, Bürger und immer weniger Mitarbeiter verkümmern zu Erfüllungsgehilfen einer auf Habgier Weniger gründenden, ehrvergessenen, instinktgetriebenen Globalisierungshybris, deren monetäre Verwerfungen letzthin dem gebeutelten Steuerzahler auszugleichen bleibt. Das soll neoliberal sein?

Diesen organisierten Wahnsinn wie ein himmlisches Ungewitter hinzunehmen, hieße nichts weniger, als aufzugeben. Heutzutage werden Widerständler wegbefördert.

Ich kenne keinen Menschen, der nicht für eine berufliche Verbesserung zu haben wäre.

Eventuell jedoch ließe sich das eigene Gewissen mit dem Gedanken beruhigen, den Obolus wohltätigen Zwecken zu spenden. – Besser noch, man wird verklagt und amtlich entsorgt.

Glaubt mir blind: In keinem Saale-Hochwasser habe ich jemals so viel Dreck gesehen!

10. Besserung in Aussicht?

Mein besseres Ich fragt nach: Ja, willst du denn bloß schimpfen? Mitnichten! Einfache, nützliche, nachvollziehbare Strukturen, die wir schon mal wie folgt hatten und die ohne Not entsorgt worden sind – wie viel zu oft geschehen mit dem „Kostenfaktor Mensch" – müssen wieder her. Saubere, ordentlich (nicht protzig, sondern zweckmäßig) instand gehaltene Bahnhöfe, einst Visitenkarten und „Entree-Billetts" zu ihrer Stadt hin, keine Kaufpaläste mit Gleisanschluss; auf denen zum Beispiel Arbeitslose aufpassen, dass *dort* keine Kinder rumspielen, wo Züge durchfahren, sind bitter vonnöten. Kann man denen nicht zumuten, womöglich aus *recht*lichen Gründen? Ja, mit ihren Rechten kennen sich alle aus. Der Preuße hat aus gutem Grund die Pflicht vors Recht gestellt. Heuer ist das wieder kopfständig, deswegen macht ja jeder, was er will. Ausreden gibt's freilich für alles. Da müssten eben die Gesetze modifiziert werden. Ganze Regimenter von Winkeladvokaten liegen auf der Lauer. Können kann man immer, aber zäher Wille fehlt dort, wo Denkungsart in Selbstgefälligkeit verkrustet. Ist es unmöglich, zwei Millionen fähigen Mitbürgern, die Arbeitslosengeld oder Ähnliches empfangen, wieder Sinn und Verantwortung fürs Allgemeinwohl zu übertragen? Ich wäre dabei! Klar, hab ich doch schon mal gemacht. – Die würden schon nicht gleich umkippen, im Gegenteil. Einbindung muss keine Unsummen kosten, eher gar nichts. Alle müssen sich eben darüber ins Einvernehmen setzen, was ihnen ihre Kinder wert sind. Diese Einbindung nun lenkt die Betreffenden wenigstens von blöden Ideen ab, die immer dann kommen, wenn man nix zu tun hat und nicht ausgelastet ist, nöch? Unsere viel beschäftigte Polizei brauchte auch nicht immer erst zu kommen, wenn's zu spät ist. Kompetent eingewiesene und damit straff handlungsfähige Doppelstreifen, vielleicht für einen kleinen Ehrensold, auf *allen* Nahverkehrszügen – und das kriminelle Gelichter würde weitgehend in Schach gehalten oder doch wenigstens beobachtet. Auto fahren können sie auch alle, also können erwachsene Menschen ebenso gut öffentliche Verkehrsmittel bestreifen.

Stiege das Sicherheitsgefühl bei Kunden und Personalen, dürfte die Furcht zu Hause bleiben und die Vorortzüge würden wieder, auch abends, besser besucht. Das Motto lautete nicht mehr: „Alle denken nur an sich, nur ich denke an mich", sondern: „Die Not, die macht erfinderisch – sie formt das Ding zylinderisch!" Gell?

11. Jedem seine eigene Bahn

So gängige Überlegungen werden seit vielen Jahren stur ignoriert und blockiert in abgehobenen Kommandozentralen. Dort fliegt man erstklassig oder lässt sich chauffieren. Was scheren diese Herrschaften die Mühsale des gemeinen Volkes? Lieber überdehnt und streckt man sich nach vagen ausländischen Wirtschaftsabenteuern. Risikobereitschaft im staatlichen Privatunternehmen kann sich bezahlt machen – für den eigenen Geldbeutel. Mich würde die kaufmännische Verlustkalkulation dieser Brüder interessieren; amortisiert sich eine Pleite mit dem nächsten Geschäftsplus oder wie? Ihr Finanzjongleure, das ist nicht euer Eigenkapital, sondern Unternehmensvermögen mit staatlicher Rückendeckung, möchte ich denen jeden Morgen vorm Kaffee hundertmal um die Ohren prügeln! Wenn's mal aus dem Ruder läuft – egal, es verbrennt ja nur anderer Leute Geld. Das nenne ich marodieren!

Protestiere gegen diese Aussage, wer mag – es ist ausdrücklich erwünscht. Nur, wer vermag meiner Anklage argumentativ zu begegnen? Mit Machtdemonstrationen und Muskelspielen gewinnen die nicht. Mit dem „längeren Hebel" drohen, das können sie gut, klug und zum Nutzen aller nachhaltig wirtschaften, das müssten sie erst noch beweisen. Im Leute-Rausekeln kennen sie sich aus; sie können ebenso schnöde entlassen, wie sie einstellen. Der einfache Lohnarbeiter ist im Großgetriebe nur eine Nummer, nach deren Streichung man zur Tagesordnung übergeht. Wir werden sehen.

Wer klopft diesen kontraproduktiven „Entscheidern" endlich schmerzhaft auf die diebischen Finger oder, besser noch, zieht sie, zur allgemeinen Wohlfahrt, aus dem Verkehr? Natürlich sind das auch nur Menschen, aber welche mit der berühmten „Managerkrankheit". Jeder ist besserungsfähig, aber die Absolution kann ich ihnen nicht erteilen. Vielleicht gehen sie für 'ne Weile ins Kloster? Das soll ja Wunder wirken. Wie, diese „Experten" sähen das Große, Ganze und ich „Rädchen im Getriebe" „nur" „meinen" Zug? Was ich dort sehe, reicht mir völlig! Ins Getriebe wird uns Sand jeder Art geworfen; aber viele Rädchen greifen ineinander. Wenn man nicht ausreichend schmiert, steht der Laden still. Von denen haben wir nichts Gutes zu erwarten, sie suchen uns einzuwickeln. Hilfe!

Vor dem Phänomen einer unbeherrschbaren Globalisierungshysterie stehen wir allesamt ratlos, wie eine wohl ausgerüstete Ärztekommission vor einer zu leerenden Scheißgrube.

Sie könnten auch abwandern und ihre Großmachtallüren ausleben, wo es beliebt, bei der Bagdadbahn meinethalben.

Ein Bahnsystem für ganz Europa, einverstanden;

aber dieser Filetierungsrausch entfernt uns irreparabel von solch hehrem Ziel! Wenn denn mal wenigstens alle so masochistisch wären wie die Deutschen, indem sämtliche Bahnen zerschlagen und dann für Europa neu erfunden würden. Ähnlich geschehen um 1850 in England, als ca. 400 Privatbahnen auf königliche Order hin ein halbes Jahr stillgelegt, strukturell vernetzt und einheitlich „aufgespurt" wurden. Aber nein, die Franzosen halten ihre Trikolore über die Staatsbahn SNCF als ein nationales Statussymbol. Mit der zweiten und dritten Garnitur ihrer ausgegliederten Schrottzüge geht's dann nach Deutschland (nee …?) und wir bedienen französische Strecken, oder was? So sympathisch sie sind, ich werde in diesem Leben kein Franzose mehr.

Ach, solche Dösköppe! Die Zersplitterung in Länder- wie Privatbahnen und -bähnchen hat viel mit Rückbau und verschleißender Konkurrenz zu tun, Vergeudung von Kräften, die gebündelt gehören, da sie nur organisch wirken können. Wie vor 140 Jahren? Genau, wie bei Wilhelm Eins im Kaiserreich vor 140 Jahren! EU-Recht? Quatsch, was hat die EU von unserer Selbstdemontage? Die Deutsche Bahn (das „AG" lassen wir mal bewusst weg) gehört so dezidiert wie konzentrisch nach Deutschland, statt sich sonst wo auf Erden in ihre Bestandteile aufzulösen! – Punktum.

12. „Sagen Sie jetzt nichts!"

Der militärische Charakter des allgemeinen Eisenbahnwesens rührt von der notwendigen Maßgabe seines angestrebt störungsfreien Betriebes her. Ohne Befehle, Pläne, Strukturen, auch Uniformen und nicht zuletzt Traditionen, auf die gern Bezug genommen wird, läuft hier bekanntermaßen nichts. Einem verordneten Jubel über den angeblichen Wandel von einer „Behörden-" oder „Beamtenbahn" zu einem „modernen Dienstleistungsunternehmen" werde ich niemals folgen. Der Mensch lebt auch von Änderung seiner Verhältnisse, jedoch sehe ich hier „das Kind mit dem Bade ausgeschüttet". Man sehnt sich bekanntlich immer nach dem, was man gerade nicht hat; nostalgische Verklärung der Vergangenheit (gar der politischen in der DDR, um Gottes willen!) ist aber hoffentlich ein Begehren, welchem ich nicht erliege.

Wenden wir uns also folgerichtig wieder dem „Unternehmen Zukunft" (ha!) nüchtern zu: Hier wird alle fünf Jahre von hoffnungsvollen „Seiteneinsteigern", wahren Multitalenten, das Rad neu erfunden und größtenteils völlig zweckfrei drauflosorganisiert, was das Zeug hält. Im Übrigen beauftragt die DB für alljährlich viele Millionen Euro externe „Unternehmensberater"(-Firmen) mit diffusen Umfragen, die wohl ein Stimmungsbild unserer allerwertesten Kundschaft abbilden sollen. Diese sauberen

Statistiken bilden offenbar eine ernsthafte Handlungsgrundlage für unsere Konzernstrategen. Ganz abgesehen davon, was solches Vorgehen über die Wertschätzung für die Arbeit derjenigen aussagt, welche durch täglichen Kundenkontakt wahrheitsgemäß berichten können, wieso braucht dieser Koloss von Konzern überhaupt externe „Berater"? Entweder bin ich Unternehmer und verstehe mein Geschäft oder ich lasse die Fingerchen davon, ja? In demselben Lichte sehe ich „Steuerberater". Wäre die Steuerverordnung für den Normalbürger durchschaubar, bräuchte man diese – daran gut verdienende – Spezies nicht. Nun, solch unselige Verquickung ist politisch gewollt. Zu viele kleine und große Staatsdiener leben, wie Obige, von diesem Durcheinander. Diese Umfragen gehören in „Ablage P" wie Papierkorb. Hier heißt es selbstbewusst wie eh und je: „Wir bauen auf und reißen nieder, da ha'm wir Arbeit immer wieder!"

Als abschreckendes Beispiel seien unsere Durchsagen im Zug zelebriert. Mit „unsere" beginnt die Verwechslungskomödie: Diese sprachlichen Versatzstücke werden woanders ausgeheckt. (Womöglich auch „extern"? Das machte die Entgleisungen noch schlimmer!) Naheliegend sind jedoch interne Hexenküchen, denn die DB pflegt ihr Selbstverständnis gerade im linguistischen Bereich als geradezu identitätsstiftend. Demnach sind vermutlich keine verschrobenen Professoren, sondern ganze Bataillone Wortakrobaten

(„Teamwork", sie ahnen wohl das eigene Unvermögen, daher will sich kein Einzelner diese Lumpenjacke anziehen) in Hinterstübchen, vielmehr Büropalästen aus Glas und Stahl, mit dem Zerstörungswerk beschäftigt. Wissen die, was sie verzapfen? Unser wohlklingendes Vokabular, dessen ich mich auch fürderhin ungeachtet jener Verstümmelung mit Fleiß zu bedienen beabsichtige, wird darob nach Kräften verhunzt, was das Zeug hält, um diesen verdorbenen Sprachsalat dann einer erstaunten Öffentlichkeit zu servieren.

Die Verbalinjurie, also auf gut deutsch: Gossenrhetorik, ergeht schriftlich ans Zugbegleitpersonal, vor allem die Zugchefs, und hat Weisungscharakter, ist also Arbeits- und Rechtsgrundlage, daher für viele, die deutsche Sprache Ehrende, eine besondere Kränkung. Abweichender Gebrauch kann bestraft werden. Das viele Gequatsche verfehlt ohnehin seine beabsichtigte Wirkung; man kann es nicht jedem recht machen, gewiss, denn man will ja möglichst alle Kunden erreichen. Deshalb müssen, um des Verständnisses willen, Informationen knapp formuliert und präzise ausgesprochen werden. Wer unter der Käseglocke dahindümpelt, ahnt von diesen wichtigen Zusammenhängen natürlich nichts. Schlimmer als in der Sprachschule. So steht der arme Zugchef im Dilemma, eine als Beleidigung für das gebildete Ohr identifizierte Durchsage dem geneigten Publikum wider die eigene Überzeugung zumuten zu müssen und damit der Niveaulosigkeit geziehen zu werden.

Der normativen Kraft des Faktischen unterliegt auch jenes unausgegorene „Denglisch", eine grauenvolle Clownsnummer, jeden Stil verletzende Mode und miesester Hinterhofjargon unserer Zeit. Als hätte man beim Sprechen stets einen Kaugummi im Munde – grässlich, so was. Keiner will es, Anglisten dürften „Ohropax" anwenden, aber die Werbefuzzis und Agenten des schlechten Geschmacks sitzen auch der Deutschen Bahn wie Läuse im Pelz; sie können nicht mehr aufhören, nicht vor noch zurück – auch wenn sie eine leise Ahnung von der Barbarei ihres Tuns beschleichen sollte – und ersinnen immer neue terminologische Foltermethoden. Man hat sie nun mal unter Vertrag, und für irgendwas müssen sie ja bezahlt werden.

Dann brauchen sie zehn Jahre zu der sensationellen Erkenntnis, dass selbst Briten oder Amerikaner diesen unreinen Mist nicht verstehen, und rudern zurück wie Käfer in der Buttermilch. Die wird dabei zu Quark verrührt. Die Sache erstarrt. Auf den Gedanken, es mal mit Deutsch zu versuchen, kommt man dort nicht. Woher auch. Vermutlich, weil sie kein korrektes Deutsch können; jedenfalls ist nichts Derartiges erkennbar! Ich würde Durchsagen, wie vom Ursprung her gedacht, auf das Nötigste beschränken, die Leute verlernen sonst jede selbstständige Handlungsnorm. Aber man will ja „Kundennähe" demonstrieren. Eine lächerliche Anbiederei. Entdeckt man die knappen Durchsagen der Vergangenheit als effektiv, kommt raus, was leider als Verhaltensmuster bei der Bahn immer wieder nachteilig auffällt: Der alte Hut wird weggeworfen, bevor man einen neuen hat.

Der eingangs erläuterte Dienst am Kunden unterliegt bekanntlich einer entscheidenden Prämisse: seiner Machbarkeit unter den gegebenen Umständen oder der Kunst des Möglichen. „Unterm rollenden Rad" bezeichnet bei der Bahn ein geflügeltes Wort – die Weiterführung des Geschäfts, mithin fortlaufender Betrieb trotz Bauarbeiten weitgehend oder völlig ohne Einschränkungen. Eine „Beamten-" oder „Behördenbahn" funktioniert grundsätzlich genauso. Der behauptete „gesündere Umgangston" nach ihrer Strukturreform ist ein Märchen aus Knigges ältester Mottenkiste; unterliegt doch besagter „Ton" einem komplexen Beziehungsgeflecht, aus der jeweiligen Situation und Tageslaune der Reisenden gespeist. Richtig? – Na also.

Meiner Auffassung nach hat ein demokratisch verfasstes Gemeinwesen dort Grenzen, wo die Menschen mit zu viel Freiheit nicht mehr umgehen können und sich der Gebrauch derselben gegen ihre eigenen Elementar-Interessen wendet oder die verbrieften Rechte von Minderheiten über die der Mehrheit gestellt werden. Kann demnach ein Verrückter wählen gehen? Weiß ich nicht. Aber Bahn fahren darf er! Das sieht man jeden Tag.

13. „Vielfahrer"? – Geistige Blindgänger!

Was ist eine Verallgemeinerung? Sollte an der unbeweisbaren These etwas Wahres sein, nach welcher sich Idioten für normal und alle anderen für wahnsinnig halten, müsste demnach auch jeder Zugbegleiter als Vielfahrer dem oben zitierten Programmtitel entsprechen. Nenne ich als beruflicher „Kilometerfresser" jedoch unsere Gäste allgemein „geistige Blindgänger", so sind damit naturgemäß alle diejenigen gemeint, welche sich wie ebenjene aufführen, nicht aber die wenigen Ausnahmen.

Unserer verehrten Kundschaft seien, um als Kenner der Materie nur positiv aufzufallen, einige gut gemeinte Arrangements für ihre Bahnfahrt zur Beherzigung wärmstens anempfohlen; beachten Sie bitte vor allem entsprechende Vermeidungskriterien!

Eine Reise im Zug ist die einfachste Unternehmung schlechthin: Fahrplan lesen, Fahrkarte kaufen, einsteigen, hinsetzen, sich fahren lassen, aus dem Fenster gucken, schlafen, essen, beten, alles Mögliche, was keinerlei Denkanstrengung erfordert, aussteigen, fertig.

Ja, mit dem Lesen ist das so eine Sache, da fängt's schon an. Für viele Zeitgenossen erfordert dieser banale Ablauf einen bislang nie erahnten geistigen Kraftakt, sie vermuten mysteriöses Fachwissen bei der geringsten Überlegung zum Thema. Der durchschnittliche Reisende halt – ehrlich, stimmt's oder nicht?

Zugegeben, hier lästert jemand, der vom Autofahren nix versteht, aber das auch nicht behauptet sowie von demselben nichts hält oder erwartet, siehe oben. Ich greife ja nicht die Bahn als Gegenstand der Kritik an, die ich selbstverständlich hoch achte und gerne nutze, sondern ihre eifrigen Zerstörer.

Zu Hause klimpern sie auf dem dicksten Computer herum, kennen aber nicht den Unterschied zwischen Notruftaste und Klospülung, behängen sich mit drahtigen Kinkerlitzchen, nervtötenden Mobiltelefonen insbesondere, und machen aus einem Großraumabteil im ICE locker eine 60-Mann-Telefonzelle. Alle müssen ertragen: „Könnt ihr denn keine Entscheidung ohne mich treffen?!" Gut, jetzt gibt es Ruhezonen. Meiner Meinung nach müsste diese Verhöhnung jeder Privatsphäre im Zug generell untersagt und drakonisch bestraft werden. Früher ging's doch auch ohne diese Wichtigtuerei. Technisch klappert man sich neuerdings sowieso nur noch durch den Äther an, lautlos per Schriftsprache. Na also, alles machbar, wenn man will.

Armselige Geschöpfe mit vollständig verkümmertem Sozialverhalten kann ein tüchtiger Betreuer schon erquicken mit der Antwort auf die Frage, wo sich denn der Speisewagen befinde: „Sie sind in diesem." Verblüffung. Doll, wie das klappt bei der Bahn!

Genörgelt wurde früher so viel wie heute, und es ist ein unausrottbares Gerücht, Vielfahrer unter den

Reisenden seien wegen ihres breiten Erlebnishintergrundes gelassener. Einen Dreck sind die!

Verehrte Reisende, was wollen Sie eigentlich? Gar keine Kontrollen, so. Würden Sie dann eine Fahrkarte kaufen? Ja? Das glauben Sie doch selber nicht. Individuelle Betreuung? Dann bezahlen Sie gefälligst auch 300-mal mehr und Sie haben die ganze Fahrt über einen persönlichen Butler. Ihre Ruhe im Massenverkehrsmittel? Bleiben Sie zu Hause – Sie sind depressiv oder verhaltensgestört! Pünktlichkeit? Freundlichkeit? Zeitnahe Informationen? Klappen Sie das Buch zu und fangen Sie noch mal von vorne zu lesen an! *Wer* blockiert mutwillig Einstiegstüren und *wer* steigt borniert wie eine Hammelherde in Zeitlupe am Bahnsteig an *einer* Tür ein und aus, in der Gruppe noch ein Schwätzchen haltend, trotz fälliger Abfahrtszeit, obwohl es 20 Türen gibt? Na? Ach so, *Sie* nicht. Das machen nur die anderen? Da haben Sie aber Glück gehabt!

Zu Ihrer Information: Der Achtungspfiff des Zugchefs oder der Aufsicht am Bahnsteig ist keine Unterhaltung für Kleinkinder, sondern Teil des Zugabfertigungsverfahrens. Unglaublich, aber wahr: Sie sind einbezogen! Ja! Eine letzte Aufmerksamkeit an Sie, wenige Sekunden darauf werden die Türen geschlossen. Das Rumdödeln und Einhereiern hat spätestens von da an am Zug zu unterbleiben, raus aus dem Türbereich – da suchen ein paar ganz Schlaue noch „ihren" Wagen. „Der Zug darf ja nicht losfahren, ich hab ja dort reserviert. – Scheiß Bahn …!" Plötzlich sind die Bretter zu. Dann bleibt der Kerl verdattert zurück und erregt sich künstlich. „Typisch! Sauladen!" Bei ohnehin beschränktem Wortschatz, klar, bleibt dem Einfaltspinsel nur die Fäkalsprache. Dass *jeder* Fernzug, egal ob verspätet oder nicht, zum, wenn auch zügigen, Ein- und Aussteigen lange genug auf der Station hält, wenigstens jedoch zwei Minuten, ist ein leicht zu erwerbendes Grundwissen. Heute beobachten wir gelegentlich, wie Schüler auf Klassenfahrt per Bahn von verantwortungsbewussten Lehrkräften Verhaltensmaßregeln und den Fahrplan erklärt bekommen. Eine seltene Genugtuung.

Wagenstand-Anzeiger? Was ist denn das schon wieder? Na, was wohl? Noch kein denglisches Wort dafür gefunden? Eine lohnende Aufgabe für unsere betriebsblinden Etappengammel und Bahnbürokraten. Und damit auch gleich richtig was los ist im ansonsten dürftig beanspruchten Gedankenfach: Bitte den „Ansprechpartner" auf denglisch, aber flott! Darauf warten alle sehnsüchtig. Ihr Pappnasen!

„Sie, was machen Sie denn da oben im Gepäcknetz?" – „Ja, das finde ich ja auch unbequem, aber ich hab nun mal diese Netzkarte …" – Ein uralter Bahnwitz am Rande zur allgemeinen Auflockerung.

Weiter im Text. Die gute alte Loyalität breche ich nach Meinung gewisser Kreise im Unternehmen allein mit dieser Streitschrift. Dieser Treueid sollte eigentlich auf Gegenseitigkeit beruhen. Aber der Arbeitsvertrag liest sich wie die meisten Mietverträge: ein Forderungskatalog, die reinste Anmaßung arbeitgeberseits. Na ja, so ist das halt, man trägt seine Haut zu Markte, dafür wird man bei Bedarf von der Liste gestrichen. Kündigungsschutz? Richtig, den gibt es, der ist aber nicht auf deren Mist gewachsen, sondern hart errungen. Diese Loyalität wird am Zugbegleiter tagtäglich aufs Äußerste beansprucht und herausgefordert. Ein Wort über den hochgelobten „Arbeitgeber". Welch überschätztes Substantiv; er „gibt" etwas, das als Bedarf schon da ist, arbeiten tue ich, und er organisiert das Ganze. Reden wir also auf Augenhöhe gleichberechtigt miteinander oder gar nicht!

Es ist eine echte Strapaze, sein Unternehmen immer wieder gegen Angriffe in Schutz zu nehmen, eine Linie zu verteidigen, von der man durchaus nicht überzeugt ist, oder zu behaupten, an den Problemen würde gearbeitet, obwohl sich seit Jahren nichts tut. Immerhin ist es fast ebenso schwierig, neutral zu bleiben.

Jetzt „beißt man nicht die Hand, die einen füttert", wie der Volksmund weiß. Ist damit die öffentliche Hand gemeint, die Treuhand oder die des Arbeitgebers? Gerade Letzteres kann gar nicht sein, wird uns doch als erste Regel von diesem tagein, tagaus eingetrichtert: „Der Kunde bezahlt deinen Lohn!" Soll wohl heißen, deshalb darf der Allotria mit mir treiben und ich habe ihm die Füße zu küssen. Also, gebissen habe ich noch keinen Kunden. Für mich ist „Ekel" keineswegs „geil"! Außerdem bin ich kein Hund.

Dem Zugbegleitpersonal im Sekundentakt Durchsetzungsvermögen, Fingerspitzengefühl, „Stressresistenz" (geadelter Blödsinn, so was, wir haben auch Nerven) und Konfliktfähigkeit abzunötigen ist noch keine Körperverletzung, sie gehören bis zu einem hohen Grade zum Geschäft. Dann sollte dieser gefährliche und kräftezehrende Fronteinsatz auch dementsprechende Würdigung erfahren. Wie? Dazu hätte ich einige brauchbare Ideen.

Einleuchtend: Im Zug kann man nicht alles offen von sich geben, was einem so in den Sinn kommt. Wer seinen Kopf nicht nur zum Haareschneiden hat, wird auf Mittel und Wege sinnen, es seinen Plagegeistern heimzuzahlen. Denn auch Zugbegleiter sind Menschen von Ehre und Würde!

Wenn es sich auch um heiß umworbene Kundschaft handelt, sind „Bahncard 100"-Inhaber berüchtigt für ihr betont ruppiges Auftreten. Unter Zugbegleitern genießen sie den traurigen Ruf, das mit Abstand frechste und ungehobeltste Volk auf Fahrt zu sein. Wie bei Pest und Cholera werden sie weiträumig gemieden, wo es nur geht. Daran sind sie selber schuld, merken es aber nicht. Hätte ich was zu sagen, die würden nicht rausfliegen, sondern gar nicht erst reingelassen. Hier verhängte ich ein sofort wirksames Dauerhausverbot, mit Freudentränen der Erleichterung in den Äugelein. Denn wenigstens ihrer zwei von drei sind wahrhaftig des Teufels. Ach, die bringen das meiste Geld? Nö, stimmt nicht. Das meiste Geld erwirtschafte ich selber durch meine Arbeit. Mit einem lächerlichen Stück Plaste vermeinen diese ununterbietbaren Anstandsbanausen den Zug gekauft zu haben und das Personal gleich mit.

Eine komplizierte Kiste. Man soll sie nicht vergraulen, dabei sind die sich doch bloß selber im Wege. Diese Angeber wissen um ihren „Status" (darauf kann ich einen lassen) und nutzen das aufs Übelste aus. Ihnen ist alle Gesittung fremd. Dr. Wichtig kann sich nicht für 'nen Groschen benehmen, droht dem Personal bei jeder Gelegenheit mit Beschwerden. Ach was, auch ohne Gelegenheit. Sie schießen sich auf uns Zugbegleiter ein und stinken schon los, wenn sie uns nur sehen. Anlass? Brauchen sie nicht, die stört schon 'ne Fliege, mit oder ohne Wand. Manchmal denke ich, wer hat die nur entlassen, stehen die unter Drogen oder was? Nun kann ich Sprechblasen gelassen ignorieren. Schriftliche Anfeindungen kontere ich mit einer genau gegenteiligen Aussage, die stimmt wenigstens. Wozu gibt es eigentlich Kundenbeiräte und Fahrgastverbände? Bei denen müssten sich Zugbegleiter über Kunden beschweren können! Wäre das nicht nur gerecht?

Denn was erlauben sich diese Universalgelehrten eigentlich mit ihrer unverschämten Beschwererei?

Behaupten einfach unwidersprochen irgendeinen Scheiß! Und wir haben das zu schlucken?! Pfui Deibel, mit diesem ganzen Unrat muss endlich einmal Schluss gemacht werden.

Wie sollte das praktisch gehen? Bizarr, aber möglich: Solange sich Zugbegleiter nicht über Kunden beschweren können, dürften das Kunden auch nicht mit Zugbegleitern machen dürfen. Das müsste funktionieren, schließlich sind die in der Überzahl, und was hätte ich davon, mich mit der Mehrheit anzulegen? Man hat es bloß noch nicht ausprobiert.

Einer persönlichen Gegenüberstellung weichen diese arroganten Lümmel stets aus. Für Prof. Mabuse und Konsorten kann es keine schlimmere Demütigung geben, als „Dienstboten", die sie gewohnt sind, wie Fußabtreter zu misshandeln, in der Stellung eines gleichrangigen Gesprächspartners zu begegnen! Die Schändlichen sind wahrhaftig die rechten Bündnisgenossen für unsere Bahnbonzen, welche sich den vollgefressenen Wohlstandsbauch vor Lachen halten – am wohlverdienten Wochenende im Grünen. Glaubt ihr nicht? Dann lasst es. Ist aber nachprüfbar, wie alles, was hier geschrieben steht.

Wir sind ja unter uns: Von welcher Klientel werden die meisten ungültigen, da zeitlich abgelaufenen oder sonst wie missbrauchten Fahrkarten eingezogen und beanstandet?

Wer meckert am lautesten im Zug herum und wiegelt die Leute gegen die Bahn auf? Das kann sich nun wirklich jeder denken. Von angenehmen Ausnahmen abgesehen, die ich an dieser Stelle mit besonderer Freude erwähne, sind diese trüben Gestalten das Allerletzte. Griesgrämige, verdorbene Karikaturen ihrer selbst. Zurückentwickeln und abtreiben!

Ein trauriges Beispiel vom Freitag voriger Woche: Nachmittag im ICE (ein „Fünfer", kurze Wurscht), um einiges überfüllt, rund 120 Prozent, Besetzung natürlich wie immer „eins zu eins", wie man bei der Bahn sagt, also eine Zugchefin und ich; das ist völlig normal hier. Je voller der Zug, desto weniger Personal steht zur Verfügung. Dann wird einfach erwartet, dass diese Personale mehr arbeiten. Das war schon immer so. Eine Kaltschnäuzigkeit sondergleichen. Das nenne ich verbrecherischen Missbrauch Schutzbefohlener und Ignoranz jeglicher Fürsorgepflicht den Beschäftigten gegenüber. Davon mehr in einem späteren Kapitel. Die 1. Wagenklasse bis auf einen Platz voll, wobei schon drei oder vier Reisende mit Fahrschein 1. Klasse artig stehend warteten, von mir wenigstens den einen Platz zugewiesen zu bekommen. Ich glaube, Ausländer. Amerikaner. Die spurten. Anders kriegt man auch keine Übersicht rein.

Die wussten, wie hier der Hase zu laufen hat. So muss es sein. Vorbildlich.

Da baut sich doch so ein junger Schnösel – mit BahnCard-(100) 2. Klasse, wie sich später rausstellte, von allein zeigen die ja nie ihre Karte – vor mir auf und bellt sofort scharf los: „Ich setze mich jetzt *da* hin – bilden Sie sich nicht ein, dass ich noch was zuzahle!"

Zuzahlen? Bei dem klappert's wohl?! Der hatte in der 1. Klasse nicht das Geringste verloren. Jetzt soll man ja „deeskalierend" wirken. Wenn man vorher immer genau wüsste, wie sich die Sache entwickelt – du hast aber keine Zeit oder Möglichkeit, wie ein Schachcomputer alle Varianten durchzurechnen. Jedenfalls musste ich irgendwie reagieren. Natürlich falsch. Meiner Aufforderung, den Raum augenblicklich zu verlassen (ja doch, ich weiß, darauf hat der nur gewartet), folgte eine obszöne Beschimpfung meiner Person durch diesen Dr. Schiwago, von der ein Zuhälter lernen könnte. Jetzt versperrte der den Weg und verlangte lautstark eine Entschuldigung *von mir*! Klassische Nötigung! Dieser Schwachkopf war ja völlig aus dem Häuschen. Na gut, leere Wagen klappern am lautesten, aber Gewaltbereitschaft zu testen zählt nicht gerade zu meinen Lieblingsbeschäftigungen. So rief ich über Cordless (so was Ähnliches wie ein Telefon) die Chefin – die hat ja auch nix anderes zu tun – und sie kam gleich mit zwei Polizisten daher, die sie zufällig (!) aufgabeln konnte. Die reisen manchmal zum oder vom Dienst in Uniform mit uns. Normalerweise hat das Zugbegleitpersonal Konflikte solcherart alleine auszufechten. Die Ordnungshüter wurden dann von meiner Nervensäge auch sofort vollgekäst, bevor der Schreihals nach vielem guten Zureden und wüsten Drohungen in meine Richtung sich herabließ, das Lokal zu wechseln. Die Polizei ist auch nicht mehr das, was sie mal war.

Dem Wüterich hätte ich sofort Handschellen angelegt. Echt durchgeknallt, oder? Solche Typen sind doch voll krank. Die gehören in eine Zwangsjacke!

Ab in die Klapsmühle! Zum Schreck und Gaudium der anderen Reisenden hat mich dieser nette Mitbürger 20 Minuten von der Arbeit (auch Fahrgeldsicherung) abgehalten.

So was findet sich in keiner Publikation, öffentlich wird nur das Lügengemälde vom übellaunigen, ewig miesepetrigen „Schaffna" kolportiert, der die Leute grundlos anbrüllt. Warum? Weil wir gewöhnt sind, schweigend zu dulden, „man könne ja doch nichts ändern", heißt es oft resigniert. Man kann, Freunde! Gebt ihnen Zunder, zahlt mit gleicher Münze zurück! Scheiß auf Deeskalation! Jeder hergelaufene Depp meint, uns folgenlos schikanieren zu dürfen. An dieser Stelle kann ich nur der Bahn empfehlen, solche Angriffe auf ihre (und unsere) Souveränität akribisch in Großbuchstaben zu veröffentlichen und diese Lumpen konsequent von jeder Nutzung aller

Verkehrsmittel der Deutschen Bahn auszuschließen. Das ist, meiner Kenntnis nach, rechtlich ohne Weiteres möglich und sinnvoll obendrein. Es setzt nun wieder Vertrauen des Arbeitgebers voraus; die grundsätzliche Annahme, das Personal vermeide jeden Streit von vornherein in seinem und eigenem Interesse.

Aber man verdächtigt vorher erst mal prinzipiell die eigenen Leute. Das hat, trotz aller gegenteiliger Beteuerungen, eine lange, dunkle Tradition im Unternehmen. Selber durfte ich diese hinterlistige Vorgehensweise vor Jahren mal erleben, als sich irgendeine Service-Dienststelle ohne mein Wissen für mein „Benehmen" „entschuldigt" hat. (Unsinn, man kann sich nicht selber *ent*schuldigen, sondern nur sein verletztes Gegenüber darum bitten.) Das obendrein bei einer zivil reisenden Eisenbahn-Tussi, die bei einer Verspätung die Fahrgäste im Zug zu offenem Aufruhr angestachelt hatte. Der wurde von mir gehörig der Marsch geblasen. Man soll das dann immer außer Hör- und Sichtweite der anderen Fahrgäste besorgen, aber die Dame rebellierte weiter. – Zufällig kam ich dahinter und habe diese sauberen Kollegen rundgemacht wie ein Buslenker.

„Ohne Dienst reisende Eisenbahner" sind ein Trauerspiel für sich, aber denen trete ich noch gehörig in den Popo, passt mal auf!

Also schickt man die Personale wie kleine Kinder auf erniedrigende Lehrgänge und den Beschwerde führenden Raufbolden Pralinen oder Blumen oder Freifahrten „zur Aussöhnung". So wird das nie was, denn dann fühlen die sich in ihren Allmachtsfantasien bestätigt und machen das immer wieder. Junge Kollegen denken vielleicht, es gehöre zum Service, sich ins Kreuz treten zu lassen. Nein, absolut nicht! Schickt ihnen eine pauschale Rechnung über entgangene Fahrgeldeinnahmen; das wäre der unzweifelhaft langfristig erfolgreichere Weg!

Normalerweise hätte ich dem Ganoven die Karte abnehmen müssen – der wäre vor Wut geplatzt wie ein Pfannekuchen. Und wer muss seine kläglichen Reste dann von der Decke kratzen? Man darf sich auch dessen Stammdaten notieren, weitermelden, abwarten. Ich höre euch förmlich aufstöhnen, Kollegen. Meldewege bei der Bahn. Ogottogott, machen wir das lieber nicht zum Thema, sonst weinen wir nächtelang ins Kissen. Da wartete ich heute noch, denn das war nicht nur letzte Woche, sondern die davor und die davor auch schon: Das ganze Jahr geistern diese Bekloppten durch die Züge, mit dem einzigen Ziel, uns das Leben schwer zu machen.

Genauso irrational verfährt die Bahn mit Verbesserungsvorschlägen und Zugberichten; ich kann das auch meiner Schrankwand erzählen, da passiert genauso viel oder wenig oder genau genommen gar nichts. Abwarten, aussitzen, Kaffee schlürfen. Manche Probleme werden einfach vergessen. Aber wehe, der kleine Knipser macht mal was falsch! Dann funktionieren die korrekten bürokratischen Mühlen exakt nach Vorgabe.

Übrigens händigen Reisende ihre Fahrkarte gelegentlich nicht aus, unter Hinweis, dazu angeblich nicht verpflichtet zu sein. Die machen, was sie für sinnvoll halten. Provokationen am laufenden Band. Aber um der Provokation willen! Die haben nüscht zu tun! Ich wüsste schon, wie man diesen Schleichern Beine macht.

„Waaas, meine Fahrkarte wollen Sie sehen? Die hat Ihr Kollege schon vor einer halben Stunde kontrolliert. Ihr (!) seid schlimmer als die Stasi!" Solche Aggressionen wären versteckt filmisch aufzunehmen und vor Gericht zu verwenden. Darfste wieder nicht, wegen dem „Daten- und Persönlichkeitsschutz". Was denn für Daten? Fahrkarten zu prüfen dürfte die Stasi nicht zu ihrem bevorzugten Aufgabenfeld gezählt haben. Die haben schon mal Menschen umgelegt. Ich bin kein Mörder, davon wüsste ich. Eigentlich gehörte solchem Zeitgenossen gleich die Tür gewiesen.

Kurz, den Bruchteil einer Sekunde, blitzt auf Höhe seiner spitzigen Knie etwas aus dem Handgelenk, das man mit viel Fantasie für eine Fahrkarte halten könnte. Guck mal an, immerhin. Näheres unbekannt. „Na, endlich zufrieden? War es das jetzt mit der Belästigung oder wollen Sie noch meine Blutgruppe wissen, hä?!", geifert der Trottel weiter.

Daraufhin flöte ich formvollendet: „Sind Sie bitte so nett, mir Ihren Fahrausweis so zu zeigen, dass ich was erkennen kann, ohne mich zu verrenken?" – Bevor er mich anspringen kann, bin ich geflüchtet.

Abenteuer mit „Vielfahrern". Der ganz normale, alltägliche Wahnsinn bei uns.

14. Nie sollst du mich befragen …

„Ist der Zug pünktlich am Ziel?" – Die häufigst gestellte Frage fünf Stunden vor Ankunft. „Ja, wenn nichts dazwischenkommt." Die Menschen sind ja so dankbar. Man hört regelrecht den Groschen fallen. Es gibt keine dummen Fragen, nur dumme Antworten? Wer denkt sich diese Weisheit aus? Nein, es gibt dumme Fragen und kluge Antworten, kluge Fragen und dumme Antworten, kluge Fragen und kluge Antworten sowie dumme Fragen und mehrere Antworten, zum Beispiel folgender Art: „Was soll ich machen, wenn ich in Fulda den Anschlusszug versäume?" – „Sie haben drei Möglichkeiten. Entweder nehmen Sie den nächsten Zug oder Sie fahren zurück oder Sie bleiben in Fulda." Bin ich da hochnäsig? Wieso, es heißt doch immer, du sollst die Frage exakt beantworten; er hat sich nicht nach der nächstmöglichen Verbindung erkundigt, sondern gefragt, was er *machen soll*. Bin ich sein persönlicher Lebensberater, sein Beichtvater oder was? Ein erwachsener Mensch muss das schon selber entscheiden, da kann ihm keiner was vorschreiben. Ja, das ist ein extremes Beispiel, ich weiß. Man kann es auch galant formulieren, ohne ihn vor den Kopf zu stoßen. Denn das muss nicht sein, man erkennt doch, wie es gemeint ist. Dennoch gibt es Situationen, in denen wir aneinander vorbeischnabeln. Also, liebe

Leute, Zeit ist Geld; erst überlegen, was man eigentlich will, dann reden!

„Das nächste Mal fahre ich wieder Auto!" Jetzt hat er mir's aber gegeben, ich kriege Angstzustände. Liebe Fahrgäste, das ist dem Zugbegleiter schnurzpiepegal! Auf einen armseligen Tropf mehr oder weniger kommt es nicht an, die es riskieren, zu den jährlich 3000 Toten oder 20 000 Verletzten des deutschen Straßenverkehrs zu zählen. Zynisch? Glaube ich nicht, denn wer wägt für Sie ab, ob Sie Auto oder Bahn fahren, samt allen Risiken, Vor- und Nachteilen? Das sind Sie doch selber, nicht ich! Also sind Sie der Zyniker, welcher da den Zugbegleiter durch eine unbedarfte Provokation herauszufordern sucht. Klappt aber nicht, denn diesen Irrsinn hören wir alle Tage, wie man aus der Ferne einen Hund kläffen hört. Es gibt kaum etwas Uninteressanteres.

Aber ich sage entgegenkommend: „Was haben Sie denn so erlebt bei der Bahn?" Dann lässt er mal eben seinen Dampf ab, meist nichts als grüne Luft, und fertig ist der Honig. Am Schluss versäumt er nicht, sein versöhnliches „Aber *Sie* persönlich können ja nichts dafür" nachzuschieben. Ach Gott, wie rührend! Warum erzählt er mir dann den ganzen Käse, bin ich seine Amme oder was?

Oder gleich der Nächste: „Die Bahn mache ich fertig! Ich habe schon ganz andere fertig gemacht! Das Grinsen wird Ihnen noch vergehen!" (Gar nicht – ich gucke immer so) „Sie werden sich noch wundern! Ich kenne Ihren Chef persönlich. Morgen sind Sie arbeitslos!" Noch einer mit Sprung in der Schüssel: „Jetzt fahre ich drei Monate nicht mehr mit dem Zug! So. – Da werden Sie blass, damit haben Sie nicht gerechnet. Sie leben auf meine Kosten. Ha! Die Blamage wollte ich Ihnen eigentlich ersparen ..." Und wieder einer, der nicht mehr alle Kastanien auf dem Rost hat: „Das haben Sie sich selber zuzuschreiben! Ich bin nämlich Bahn-Fan! Früher gab's das nicht, da war ich selber bei der Bahn, als Oberflügelrat! Mein Name ist Hans-Harry Eisendampf, Verfasser der Streitschrift ‚Reichsbahn gestern, heute, morgen'. – Aber halt! Sie können doch nicht einfach weitergehen! Bei Fuß! Unglaublich ..." – Übertreibung? Nein, glatt untertrieben! Stürme im Wasserglas erleben wir tagein, tagaus, inklusive schauspielerischer Spitzenleistungen.

ICE-Bahnhöfe ohne Toilette (etwa in Naumburg/ Saale), Zugzielanzeiger, die alle paar Tage defekt sind (auch dort; jedoch, infolge gleichen Typus', auch vielfach auf weiteren Bahnhöfen beobachtet), oder Bahnhofsuhren, die monatelang nicht repariert werden, wie zum Beispiel immer und immer wieder in Leipzig Hauptbahnhof (sicher, heute hat jeder seine eigene Uhr, aber wozu hängen sie dann dort, ohne Funktion, da kaputt? Sie haben doch bestimmt mal 'nen Haufen Geld gekostet – und Außeneinwirkung ist nicht erkennbar) – solchen Frevel duldete man vor

125 Jahren nicht! In meinem „Betriebsreglement der Deutschen Bahnen" von 1886 unterliegen alle diesbezüglichen Fragen einer präzisen Regelung. Da konnte ein Stationsvorsteher, obwohl verbeamtet, binnen Tagesfrist entlassen werden, wenn er es nachweislich verabsäumte, die Uhr innerhalb von 24 Stunden ihrer Reparatur zuzuführen. Auch das Verhalten der Zugbegleiter, sie hießen damals, wie uns heute vertraut, Zugführer und Schaffner, war genau vorbestimmt. Einmalig, dieses Stück Zeit- und Technikgeschichte!

Manches wirkt antiquiert und amüsiert uns Heutige wegen des doch recht eigen formulierten Schriftduktus; anderes gilt bis jetzt wörtlich und unverändert, ein Satz sei hier zitiert: „Unbillige Zumutungen vonseiten des Publikums sind höflich, aber bestimmt zurückzuweisen." Was sind „unbillige Zumutungen"?

„Tragen Sie mal meinen Koffer von Wagen 2 nach Wagen 7! Dafür sind Sie doch da; was kann denn ich dafür, dass der blöde Wagen so weit hinten hält …?" Aua, das tut richtig weh. Und: „Mir ist der Koffer nämlich zu schwer. Und Sie sind ja noch sooooooo jung!" (Erst 50!) Die eigenen Klamotten sind ihnen angeblich zu schwer! Einbildung ist auch eine Art von Bildung. So was lernt man als Vorschüler (heute nicht mehr?), wie Koffer und Rucksack (in der DDR sagten manche auch *Campingbeutel*) praktisch zu packen sind und dass man seine eigenen Siebensachen auch gefälligst selber zu schleppen hat. Bin ich ein Hausdiener oder was? Hilfe, ja, leisten wir sehr gerne, aber so geht's freilich nicht. An dieser Stelle erspare ich es mir, die vielen in den letzten Jahren umstrittenen arbeits-, sozial- und versicherungsrechtlichen Streitereien wiederzukäuen, welche uns allen an die Nieren gingen. Kinderwagen mit hochheben oder nicht, das wird situativ entschieden, ist aber meistens machbar, von mir aus kann der überfütterte Fratz auch mal separat nachgeschoben werden, ansonsten lasse ich konsequent die Krallen eingefahren; keine Debatten am Bahnsteig. Die Bestimmungen sind eindeutig: Ich fasse keine fremde Bagage an, fertig.

Man kann die Koffer auch ganz gemütlich extra transportieren lassen. Das ist preiswerter, als viele denken, und klappt ganz vorzüglich. Wir haben keine Ostzeit mehr, damals konnte es passieren, dass die Klamotte nach 14 Tagen ankam, wenn der Urlaub vorbei war. Man konnte sie dann gleich wieder mitnehmen. Waren Staatsgäste unterwegs oder unsere eigenen Oberpaschas, oder wichtige kapitalistische Ware oder Kohlen oder Kartoffeln oder sonst was, sorgte die Stasi dafür, dass alles andere erst mal aufs Abstellgleis kam. So lief das einst. Gewiss, total schwachsinnig, aber uns haben diese Napfsülzen nicht gefragt.

Behinderte bekommen jede erdenkliche Unterstützung. Doch rotzfrech Gepäckträgerleistungen vom Zugbegleiter abzufordern, ist ein durchaus übliches

Handlungsschema von Leuten, die es ganz und gar nicht nötig haben. Denen kann man guten Gewissens, aber doch in netter Form, etwas husten. Unser Augenmerk gilt viel lieber wirklich Bedürftigen, die ohne Getöse und riesengroße Schnauze versuchen, allein zurechtzukommen. Meist vermögen sie das auch. Ihr Streben geht dahin, sie wollen so weit als möglich selbstständig bleiben und nicht weiter auffallen. Ihnen wird gegebenenfalls dezent Hilfestellung geboten.

Harald Schmidt resümierte vor nicht allzu langer Zeit unübertrefflich spitz: „Die Deutschen sind zu blöd zum Bahnfahren!" – Dem füge ich nur hinzu: Halbzeit. Unterbrechung der Lektüre für eine Denkpause ... Gleich wird's richtig beknackt. Aber erst mal einen Kaffee, ja?

15. Schrott als Kunst

Jetzt wollen sie auch noch Fahrräder generell im ICE befördern, Dienst am Kunden, ganz groß! Wer ist „sie"? Keine Ahnung, ich jedenfalls nicht. Nächstens nehmen wir noch Elefanten mit oder Kanonen; was denn noch? Fahrräder kann man am Urlaubsort ausleihen – was, nie gehört? Die Bahn ist Sicherheitskriterien verpflichtet, die sich nicht einfach umbiegen lassen. Hohe Geschwindigkeiten, Verladeprozedere, Fluchtwege müssen einkalkuliert werden. Die Kontroll- und Aufsichtsbehörde Eisenbahnbundesamt hat auch noch ein Wörtchen mitzureden.

Liebe Radfahrer, euern miesen Ruf als wandelnde Betriebsgefahr habt ihr euch hart erkämpft. Daran ist die DB (Fernverkehr) mitschuldig, wenn sie aus Gründen der Akquisition um jeden Preis alles transportiert, was Knete reinfährt. Es gibt auch noch Leute ohne Auto und ohne *Fahrrad*, sogenannte Fußgänger (ich gehöre zu dieser aussterbenden Gattung), die es aufregt, durch eure Lahmarschigkeit und Gruppenplauderstündchen am Bahnsteig Verspätungen in Kauf nehmen zu müssen. Eure Dynamik ist faszinierend als lebendes Verkehrshindernis. Was heißt hier eigentlich *müssen*? Denen würde ich die Bretter vorm Rüssel zuknallen, fertig. Diesen ganzen Fahrradbeförderungsfirlefanz sollte man ganz lassen. Wer hat das erfunden? Sofort wieder *ent*finden, den Unsinn!

Mit Kuriergut oder in Packwagen der wenigen verbliebenen Nachtzüge klappt es noch am ehesten – wenn nicht schlaftrunken die Kurswagen verwechselt werden. Die drolligsten Sachen erlebten wir damals. Da wird in Ferienlaune ein bisschen viel genippelt und fremdgehöckert; plötzlich steigt jemand, der über München nach bella Italia wollte, mit Unterhose in Basel aus! Was haben wir gelacht! Die Himmelsrichtung war schon mal nicht ganz verkehrt und im Sommer ist's überall schön warm. So was Gemeines – aber wer den Schaden hat, spottet bekanntlich jeder Beschreibung. Keine Bange, dem armen Würstchen wurde natürlich weitergeholfen.

In unseren Intercitys verknäueln sich die Drahtesel jedoch regelmäßig, die Drahtverhaue häkeln ineinander, bis es knirscht, trotz Reservierungsgebot (weder -pflicht noch -empfehlung; aber wenn die Stellplätze belegt sind, ist ohnehin Feierabend, sonst geht's auch mal ohne). Nicht selten prügeln sich die Pedalritter. Ist der „Schaffna" mittendrinne, kriegt er auch seine Keile und blauen Flecken ab, natürlich absichtlich. *Die* Gelegenheit, dem verdammten Knipser eins überzubraten. Man kann es wie einen Unfall aussehen lassen. Das ist Körperverletzung!

Am besten raus mit dem ganzen Müll! Aufgehäuft, steht dann am nächsten Bahnsteig ein neuerliches postmodernes „Kunstwerk", die Plastik „Fahrräder, entsorgt". Dann stehen die deutschen Bildungsspießer rätselnd drumrum und tun sehr kennerhaft: Warum werfen Menschen ihr Fahrrad wie Ballast von sich? Ein revolutionärer Akt der Selbstbefreiung? Was für eine Botschaft wollte uns der unbekannte Künstler hier vermitteln? Kreatürlichkeit gegen Fortschrittsgefasel und Zivilisationsvermassung …?

Man könnte die Lücken auch noch mit einigem Computerschrott verfüllen. Der Unsitte, Fahrräder zu verhüllen, um Porto zu sparen, oder mit allen möglichen Sportgeräten, Ski und Schlitten, Schlauchbooten (samt Luft!), Surfbrettern, immer zahlreicher und sperriger werdenden Reiseandenken, Alphörnern, ausgestopften Krokodilen (Ausfuhr verboten? Wieso, wenn's doch schon tot war?), überlebensgroßen Anhängseln, Gemälden, Kühlschränken, Tandems, „Kinderfahrrädern" (die Bubis sind heute riesig im Vergleich zu früher, McDoof macht's möglich) mal eben sämtliche Fahrgasträume zu verbarrikadieren, sollen Zugbegleiter laut Vorschrift gleichzeitig begegnen, wie sie zu tolerieren ist. Aber greift man da beherzt durch, etwa mit einem kompletten Fahrtausschluss gegen den Sünder und sein Gefahrgut, weil anderweitig kein Platz ist, wer ist dann wieder der Böse? Bei Kundeneingaben heißt es dann vorwurfsvoll vom „Vorgesetzten", diesem Schlawiner: „Konnten Sie da nicht sensibler handeln …?" Passiert aber was, zum Beispiel, indem sich jemand aufspießt – wie gesagt, mir persönlich ist das nur peinlich –, schnappt der

Staatsanwalt nach dem Zugchef oder dem betreffenden Zugbegleiter. Die haben ihre KORIL, die Konzernrichtlinie, nicht durchgesetzt. Jetzt will ich mal auf klare Kante richtigstellen: Würden diese buchstabengetreu angewandt, drehte sich bisweilen kein Rad mehr. Der Unterschied zwischen einer Richtlinie und einer Vorschrift ist die juristische Dehnbarkeit der ersteren. Wer sich das ausdenkt, hält sich natürlich schlau alle Fluchttüren nach hinten offen. Vorm eigenen Abgang werden noch schnell Spuren verwischt und die Fallstricke für die doofen anderen angezogen. Den dummen Zugbegleitern bleibt selbstredend nur, die ranzige Pfanne selber auszulecken. Genauso sind diese hintersinnigen Texte nämlich verschnörkelt: Der angeschmierte Zugbegleiter soll im Fall der Fälle immer Schuld haben. Das ist allerdings mehr als schade, denn dadurch entsteht Rechtsunsicherheit und das Risiko, vor allem für die Beschäftigten, steigt unverantwortbar. Diese Tatsache wiederum dämpft den Arbeitselan beträchtlich. Zum Glück gibt es noch engagierte Arbeitsrechtsanwälte, die das Schurkenstück durchschauen und uns den Rücken stärken.

Wenn unsere geistige Elite endlich verstünde, dass in einem Massenverkehrsmittel nicht *der* Kunde das Maß aller Dinge ist, sondern die gesamte Kundschaft und ihre Sicherheit, wäre viel gewonnen. Die Priorisierung der Einsicht in die Notwendigkeit hätte zur Folge, dass 50 Prozent aller Reisenden samt ihrem lebensgefährlichen Sperrgut aus dem Zug entfernt werden müssten. Gut, das normalisierte sich später wieder, aber es spräche sich rum: Wer bei der Bahn nicht pariert, kann sein Gelumpe auf dem eigenen Buckel fortschleppen! Man stelle sich nun vor, die Entsorgung würde von den oben näher beschriebenen ehrenamtlichen Arbeitslosen vorgenommen. Jetzt begegneten diese vielleicht ihrer eigenen Verwandtschaft im Zug. Da käme Stimmung auf!

Es empfiehlt sich, wirklich sinnvolle Gedanken nur konstruktiv weiterzuentwickeln. So geraten wir an wahrhaft praktikable Modelle. Aber wenn jeder bloß misstrauisch seine Pfründe verteidigt, muss das Gesetz ihn zwingen, natürlich streng rechtsstaatlich, sonst wird das nie was.

Im nächsten Kapitel haben wir es mit einer Klasse von Schwerenötern zu tun, um deren Ableben niemand trauern könnte. Ich kann sonst keinem ein Haar krümmen, aber aus denen könnte ich Dauerwellen machen. Sie sind ebenso nutzlos wie schädlich, denn sie besetzen bei der Bahn Positionen, die es vorher nie gab und die extra für sie geschaffen wurden. Von wem? Warum? – Bei der Deutschen Bahn steht die Arbeitspyramide auf dem Kopf. Wie sagte Renate Künast so treffend? Mehr Indianer auf die Schiene, nicht so viele Häuptlinge in die Verwaltung! Walten die Verwalter sich gegenseitig in der Verwaltung? Amten sie ihres Waltes oder umgekehrt? Ich lege keinen

Wert darauf, kaputtverwaltet zu werden; außerdem heiße ich nicht Walter. Frau Künast hat das Problem erkannt.

16. Legale Bereicherung
oder spätrömische Dekadenz?

Von diesem schweißtreibenden Alltag ahnt man höheren Ortes nichts. Erfolgsbilanzen in Laptop und Aktentasche, sausen die obersten Spezialisten ab Donnerstagmittag ins wohlverdiente lange Wochenende, natürlich mit einer von der Firma spendierten Bahn-Jahres-Netz-Card 1. Klasse, samt integriertem Konzernausweis; Letzteres ist wichtig, um Verwechslungen auszuschließen, wie gleich deutlich werden dürfte.

Die Vergabepraxis hinsichtlich dieser unverhältnismäßigen Geschenke ist ebenso verrätselt wie systemimmanent und offensichtlich gewollt undurchschaubar gehalten.

Hierbei Privatreisen von dienstlichen Anlässen zu trennen ist überhaupt nicht mehr vorgesehen, geschweige denn möglich, viel weniger nachprüfbar. In längst verschollenen Zeiten penibel kontrolliert, auch vom Zugbegleiter, werden diesbezügliche Nachfragen heutzutage gar nicht erst mehr zugelassen. Ein weites Aufgabengebiet für Betriebsräte und Gewerkschaften; insbesondere vor dem Hintergrund, dass der Anspruch von gewöhnlichen Arbeitnehmern auf ihr armseliges „Job-Ticket" (zum Pendeln zwischen Arbeits- und Wohnort, selbstredend in der Regel 2. Klasse) immer genauer auf „soziale Angemessenheit" hin abgeklopft, eingeengt und mengenmäßig ausgedünnt wird. Sparen ist ein großes Thema im Konzern. Immer an den richtigen Stellen? Sind jedoch dabei ersterdings Steuerfragen relevant, würde sich genaue Prüfung lohnen – aber dann bitte auf *allen* Ebenen der Konzernhierarchie oder gar nicht!

Wo bewährte Fahrvergünstigungen jeder Art ihren Grund haben und rechtlich auf einwandfreiem Fundament stehen – zum Beispiel bekommen auch Flugpersonale vieler Gesellschaften unter anderem ermäßigte oder freie Flüge –, so steht es mir nicht zu, diesbezügliche Tatsachen, aus welchem Anlass auch immer, öffentlich anzuzweifeln. Im Gegenteil, ich begrüße grundsätzlich positive Stimulanzien, um verdiente Mitstreiter zu halten.

Was mich immens stört, ist diese Hütchenspielerei, geheimnisschwangeres Bettgeflüster, Raunen im Walde, halblautes Zurückweisen entsprechender Anfragen. „Darüber" spricht „man" nicht … Warum wohl?

Ich fordere daher, ab sofort *alle* damit befassten Konzernrichtlinien (KORIL), jedenfalls diejenigen entsprechender fiskalpolitischer und sozialer Provenienz, sollten für interessierte Mitarbeiter (MA) immerdar einzusehen sein! Bisher ist dieses Begehren aus unerfindlichen Gründen extrem beschränkt. Unsere Obrigkeit versteckt ihre allzu bekannte Intransparenz hierbei oft hinter Ausflüchten zu angeblich drohenden Imageschäden oder Wettbewerbsverzerrungen. Beides halte ich für abwegig. Im Gegenteil: Wer nichts zu verbergen hat, agiere offensiv. Allein darin liegen erhebliche Chancen für unsere Bahn.

So skandalös wie bezeichnend offenbart sich dem entsetzten Zugbegleiter bisweilen eine ausufernde Selbstbedienungs- und Abräummentalität eben näher bezeichneter Klientel in Bezug auf deren „gastronomische Betreuung". Ein eherner Grundsatz besagte einst: (Fahrkarten) zahlende Kundschaft genießt absoluten Vorrang! Ist ja auch irgendwo sinnvoll, oder? Wie kommen wir Zugbegleiter, personell stets an der Grenze unserer Möglichkeiten, dazu, „Freifahrer" in hoher Anzahl abzufüttern, beispielsweise im ICE „Sprinter"? Es könnte uns egal sein, wofür wir bezahlt werden; allerdings sind oft 50 Prozent der „Erstklässler" „eigene Leute".

Und diese Größenordnungen, die sehr häufig vorkommen, bedeuten, übersetzt in Frequentierung, bei 200 Reisenden nun mal exakt 100. Somit bleibt unsere begehrte und umworbene Kernkundschaft klar „auf der Strecke", denn der angestrebte, wie von derselben gewohnte Service kann so kaum gewährleistet werden. Diese Folgen schaden wirklich dem Image, und zwar ganz enorm. Aber wahrgenommen werden die Mängel ausschließlich am Zugbegleitpersonal. Diese haben, wie immer, alles auszubaden.

Meine glasklare Forderung lautet daher unmissverständlich: Kein dienstleistender MA darf dazu missbraucht werden, Eisenbahner oder überhaupt Konzernangehörige, schon gar keine zivil reisenden Bahnrentner, gastronomisch zu bedienen! Umsatz ist wichtig und Ausnahmen seien gestattet, wenn die Kapazitäten diese zulassen oder gebieten, d. h. keine Nachteile im Service für zahlende Kunden daraus entstehen.

Oder besagt der Arbeitsvertrag, wir sollten klaglos jedes Ansinnen unserer Vorgesetzten ausführen? Das bezweifle ich ausdrücklich. Wir sind ja so erzogen: Was „die Bahn" sagt, wird gemacht! Also wird, folgerichtig, nach KORIL, nicht unterschieden, denn dieselbe kennt ja nur „Reisende" 1. Klasse, die alle gleichermaßen „gastronomisch (zu) versorgen" seien. Das nenne ich einfach Mumpitz.

Inhaltlich ist dieser Sachverhalt nicht zu ignorieren. Er stellt eine schwere Verletzung erstens jeder betriebswirtschaftlichen, zweitens aller sozialpsychologischen Notwendigkeit dar. Er verhöhnt und stranguliert damit primitivste Standards unserer Unternehmenskultur!

Ist die somit entfachte Debatte schon ein „Verrat von Betriebsgeheimnissen"? Ich weiß, das Mästen „eigener" Bonzen in Fernzügen hat mit Bahnbetrieb so viel zu tun wie ein Walross mit Eierlegen. Die Absahner, die das hiesige Thema betrifft, sollten vielmehr schamhaft in sich gehen oder wenigstens öffentlich leiser schmatzen! Müssen sie weinselig (jaaa doch, wenn schon, denn schon – auch Alkoholisches gibt's im „Sprinter" gratis!) und lauthals ihr „Fachwissen" öffentlich absondern? Damit auch jeder mitkriegt, wie rundum sie ihr Unternehmen versorgt: Gern wird die Hälfte satt auf dem Teller gelassen und heimlich dicke Krümel in Sesselritzen gepresst. Primitive Sauerei, so was! Und wir, Züge begleitende, Lakaien dürfen die schäbigen Speisereste auch noch entsorgen! Mir ist bewusst, dass manche MA diese Zustände als gottgegeben hinnehmen, aber die meisten werden mir zustimmen. Das krame ich nicht aus einer verdorbenen Fantasie hervor, es ist traurig wahrgenommene tägliche Realität.

„Darf" man so was schreiben? – Man darf das sogar erleben! Nun, auf die Reue dieser Abweichler und Kulturbanausen könnten wir ewig warten und hoffen. Ich setze auf Öffentlichkeit, sonst wird sich nie was ändern. Hierdurch schäme ich mich für deren Normbrüche und eklatantes Fehlverhalten mit!

Herr Vorstandsvorsitzender, begeben Sie sich inkognito – meinetwegen mit falschem Bart – in diesen Sumpf, beobachten Sie kritisch, und: Machen Sie denen die Hölle heiß!

Ab in die Geisterbahn mit Leuten, die sich bei der Bahn durchzubringen suchen und sonst nichts. Im Verkehrsmuseum werden, zur Abschreckung, noch Nachtwächter gesucht!

Im Zug jedenfalls verrät sich diese verkommene Klasse stets selber: Sie *können* nicht anders, die Feldherren *müssen* Aufmerksamkeit erregen, ihr Ego verlangt danach. Dampfplaudern, dämlich rumnölen, groß angeben. Mit ihrer *Freifahrkarte!* Das sind die wahren Verräter – ich drücke nur den Daumen in die Wunde! Ach, eigentlich brauchen sie gar nichts zu sagen. Es reicht, dort, wo sich der wahre Reiseadel dezent eine Süßigkeit vom dargereichten Tablett genehmigt (sogenanntes „Guddy" – keine Ahnung, ob dies unverzeihliche „Denglisch" richtig geschrieben ist und wer andauernd diese Unbegriffe erfindet bzw. den Leuten unter die Weste jubelt; ich nicht), zu beobachten, wie diese netten Mitmenschen gleich ganz- und beidhändig losgrabschen, um ja nichts zu verpassen, wo's was als Sonderzulage gibt, und dabei das Personal beknackt angrinsen. Na, bei mir lohnt sich das nicht, da gibt's gleich feste was auf die diebischen Griffel gepocht! Man kennt seine Pappenheimer. Diese selbst ernannten Professoren für Bahnsteigkantenwissenschaften sollten zu Hause mit ihrer Modelleisenbahn spielen!

Hier sehe ich nur eine Lösung: Tür auf, raus, Tür zu, fertig!

Nein, ich „haue" hier keine Kollegen „in die Pfanne". Das sind nicht meine Kollegen. Wer sauber seine Moneten erarbeitet, kommt nicht auf krumme Gedanken schnöder Vorteilsnahme. Natürlich gibt es auf allen Mitarbeiterebenen ein hohes Betrugspotenzial. Fahrkarten werden im Zug verkauft und unter einem Vorwand nicht ausgehändigt, dann frech storniert und der Mehrwert in die eigene Tasche gesteckt. Würstchen ohne Verbuchung an den Mann oder die Frau zu bringen ist eine Versuchung und beliebtes Delikt.

Bier abzapfen, Kaffee schlabbern und das Bezahlen „vergessen" oder der berühmte Klopapierklau – alles keine Kleinigkeiten, wenn man den Treuebruch bedenkt. Jeder Betrieb muss da Grenzen setzen, das sei zugestanden. Doch letzthin verrutschen ja wohl alle Maßstäbe, wenn „unten" konsequent „Tabula rasa" gemacht wird und anderswo im Unternehmen sehenden Auges Millionen verschwinden. Nicht zwanghaft zuerst beim Vorstand muss angesetzt sein. Nein, unsere Hausreserven werden in der „Mitte" aufgezehrt – *da* sollte man ansetzen! Bei uns stinkt der Fisch mittendrinne und alles fault langsam an.

Mein Gewissen jedenfalls ist unschuldig wie frisch gefallener Schnee. Aber hören und sehen kann ich noch gut!

17. Wesen und Alltag des Zugbegleitdienstes, Teil B

Jetzt haben wir uns aber lange genug mit geistigen Trockenschwimmern in den eigenen Reihen aufgehalten. Kehren wir zu unserem Kerngeschäft zurück. – Szenenwechsel.

„Ja, Sie, Herr Schaffner, warum machen Sie denn ein Loch in meine Fahrkarte?" – „Na, Sie wissen doch: Ohne Loch kann ich *keinen fahren lassen!*"

„Was, meine BahnCard wollen Sie sehen? Wieso denn, die habe ich doch schon am Fahrkartenschalter gezeigt!" Sein Antlitz verformt sich zu einem bösen Fragezeichen. Fährt er nun mit einem „Schalter" herum oder mit dem Zug? Was interessiert den Verkäufer seine blödsinnige BahnCard (BC)? Hauptsache, er verkauft überhaupt irgendwas; sein Umsatz ist ihm wichtig, nicht zuletzt hinsichtlich seines Arbeitsplatzes. Die BC beim Kauf der Fahrkarte vor Reiseantritt vorzulegen, entspricht genau demselben hirnrissigen Denkschema von Leuten, die ihre Kreditkarte stets zu Hause lassen aus Furcht, sie könnten diese verlieren; demnach meint der Fahrgast, vom „Schalterbeamten" (zum Weglaufen, dieser Ausdruck!) ohne Fahrkarte wieder weggeschickt zu werden, wenn er *dort* seine verflixte BC nicht zeigt. Der guckt sich das Ding nicht mal an. Der Reisende entrüstet sich blind, er sieht sich schikaniert vom „Schaffna" und kapiert nicht, dass das Ding personenbezogen wirkt, sonst könnte er ja mit der BC seiner Oma fahren. Damit hat er nicht mehr Grips als ein Spatz Fleisch an der Kniescheibe. Wem oder wann würde der Überflieger sonst noch die BahnCard zeigen? Seinem Bäcker oder Friseur? Ach so, geht ja nicht. Datenschutz. – Verehrte Kundschaft, müssen Sie Ihren diesbezüglichen Wissensstand immer so überdeutlich raushängen lassen? Sie haben eine eigene Weltanschauung, das hab ich ja nun begriffen. Man macht sich *vor* Fahrtantritt schlau! Nächstes Mal, in Ordnung.

Warum und nach welchem Schema werden überhaupt Fahrscheine im Zug kontrolliert? Das Schema besteht darin, keines zu sein; jedenfalls keines, das Sie, lieber Reisender, etwas anginge, oder? Warum wohl? Ich bin kein Grüßonkel oder Pflaumenaugust. Damit sich das Finanzielle schön verteilt und alle was bezahlen, ja? Der Ehrliche soll nicht zu oft für den Betrüger mitblechen, für Sie unerklärliche Zwischenkontrollen sind demnach in Ihrem eigenen Interesse; aber ich merke schon, das ist jetzt ein bisschen viel für Sie. Also, ganz langsam, Sie schaffen das: Unsere „Graufahrer", Elemente mit gar keinem oder geringpreisigem „Anfangsfahrschein", drücken sich auf jede erdenkliche Weise vor Kontrollen. Kommt dann der Betreuer, tut er so, als wollte er gerade bezahlen oder aussteigen, stellt sich verschlafen oder besoffen. Diese Trickser sollen kein Schema erkennen, um sich auf

Ihre Kosten eine Freifahrt zu erschwindeln. Sie setzen auf die empörte Reaktion aller Mitfahrer, denn nach deren „Logik" reicht eine Vollkontrolle am Anfang und alles Weitere fällt unter Belästigung. Das alltägliche Versteckspiel kennen die „Graufahrer" genau und hoffen nun, der Zugbegleiter möchte sich das gern ersparen. So können sie gelegentlich entkommen. Aber normalerweise kriegen wir sie und dann sind sie fällig. Jedenfalls ist es total unnatürlich, diesen langweiligen Erklärungsstrang jedem Zweiten bei unterwegs stattfindenden Vollkontrollen nahebringen zu wollen, da das mit der BahnCard schon zu viel für sie ist. Dann dauert die „Belästigung" ja noch länger! „Was tun?", sprach Zeus. Ganz einfach: Sie zeigen den Lappen ohne Genörgel, fertig. Wir sind weder veranlasst noch verpflichtet, Ihnen zu Fahrscheinprüfungen überhaupt irgendeine Erklärung abzugeben. Es existiert wohl in den Beförderungsbedingungen ein Passus entsprechenden Inhaltes; allerdings lässt er die gebotene Deutlichkeit vermissen.

So würde *ich* formulieren: „Ein Grund für jederzeite Fahrscheinprüfungen liegt immer vor. Ihr Betreuer macht das nicht aus Jux und Langeweile, merken Sie sich das! Fragen Sie nicht so viel, denken Sie nicht über Dinge nach, die sich Ihrem Weltbild ohnehin verschließen. Belasten Sie sich nicht mit Nebensächlichkeiten. Wir meinen es nur gut mit Ihnen. Genießen Sie jetzt gefälligst Ihre Fahrt und nörgeln Sie nicht immer, das ist schlecht fürs Herz. Nun machen Sie dem Zugbegleiter schon die Freude. Es dauert doch nicht lange! – Das ging früher schneller. Sie sind halt auch nicht mehr der Jüngste; jetzt soll der sich wohl noch bedanken? Für was, dazu sind Sie ja gesetzlich verpflichtet. Er betreut Sie doch bereits, ja, was denn noch? Auskünfte? Kostet aber extra. – Tschüss!" Und das Schriftstück jedem Meckerer bei Bedarf ausgehändigt, da käme mal richtige Freude auf in der traurigen Mumienschleuder!

Davon mal abgesehen, dass es weitere Gründe gibt, Reisende gelegentlich anzusprechen, guckt man nebenbei eben ein drittes oder viertes Mal auf das abgegriffene Dreckstück, ja, wozu? – Das Problem ist eben, man kann es, selbst wenn man Zeit und Nerven dazu hätte, den Dusseln nicht erklären, da sie sonst Gefahr laufen, für sich selbst unredliche Schlüsse zu ziehen. Vorschubleistung zu einer Straftat! Und: Irgendein großer oder kleiner Schweinehund schlummert in jedem von uns. Immer schlauer als alle anderen sein zu wollen geht aber irgendwann in die Hose.

Darf ich Ihnen Erna Mischke vorstellen? – „Die Fahrkarte wollen Sie sehen …?" Es folgen fünf Minuten verzweifeltes Suchen in der eigenen verwahrlosten Rumpelkammer von Handtasche. Sie wühlt in einer chaotischen Zettelwirtschaft, dabei werden sechs Mal die schmutzigen Finger angeleckt, das pappt sonst so. „Ist sie das hier?" Sie hält mir eine alte Platzkarte vor

Augen. „Eine Fahrkarte", flöte ich, süßsauer lächelnd, „ist für gewöhnlich ein viereckiges Stück Papier, wo ‚Fahrkarte' draufsteht." Ungläubiger Blick. „Ja, die hab ich vorhin aus Versehen weggeschmissen. Ist das jetzt schlimm?" 20 Köppe drehen sich grimmig zu mir hin. „Für mich nicht, eher für Sie." Dann will ich auch noch Geld haben! Frech, oder? Die Sympathien liegen nicht bei mir, sondern bei der armen Frau. Endlich pöbelt irgendein Kavalier los: „Pünktlich fahren könnt ihr nicht, aber Fahrkarten wollt ihr immer sehen – darauf kann man sich verlassen … ihr lebt von uns Steuerzahlern! Scheiß Bahn!"

Mit „Scheiß Bahn" bin wieder mal ich gemeint. Ich ermutige Frau Mischke: „Sie haben so viele Freunde hier, wussten Sie das? Sammeln Sie mal, nur 30 Euro fehlen noch, ich komme später wieder." Vielleicht vergesse ich das nicht.

Jetzt reicht's aber! Keine Kulanz (komisch, das Wort lieben alle) kennt der olle „Schaffna". Eine dünne Zickenstimme kräht mich von hinten an: „Name, Dienstgrad! Ihre Marke!" Ach, sie sammelt Briefmarken? Warum hält mich jeder für einen Hund? Nun fehlt bloß noch, dass sie mich vom Dienst suspendiert! Auweia. „Ich heiße nämlich Amanda Schippenstiel und bin Diplom-Psychologin!" Darauf drehe ich mich langsam zu der Fahnenstange um und erwidere bedeutungsschwanger: „Man merkt's." – Situation gerettet? Dichtung oder Wahrheit?

Wahr ist, dass fast alle, ohne sich erst mal selber vorzustellen, wie es der Anstand fordert, vom Zugbegleiter barsch den Namen wollen. Wenigstens ist der Unfug mit den Namensschildern nach jahrelangem Kampf so weit modifiziert worden, dass man jetzt aus Sicherheitsgründen Decknamen verwenden „darf". Warum hat man den ganzen Mist überhaupt erst eingeführt? „Kundennähe" – soll ich die Dreckspatzen abknutschen oder was? Man fragt, wie immer, die das aushalten müssen, nicht nach ihrer Meinung, das ist alles. Egal ob Nummer, Marke oder Klarname: Flegeln gegenüber ist man zu gar nichts verpflichtet, basta! Irgendwo muss mal Schluss sein mit der Selbstverbiegung gegenüber Lümmeln. Da könnten die rumtoben, wie sie lustig sind. Wer nicht für'n Fünfer Anstand hat, dem sollte auch keinerlei Dienst erwiesen werden. Da fahren die nun stundenlang mit dem Zug und hätten Zeit zum Einüben von Anstandsgrundlagen. Leute, das klappt noch gar nicht mit euch! Vielleicht übt ihr mal vorher zu Hause?

18. „Wes Brot ich ess, des Lied ich sing …"

Nun kenne ich einen Zugführer – der beste, den die Deutsche Bahn hat –, der säuselt nett gereimte Lobeshymnen aufs Unternehmen, im Ganzen mit dem Tenor: „Die Bahn und ich sollen leben – hoch, hoch, hoch!" Wie bei den Cäsaren im alten Rom. Unser oberster Chef soll ihm schon das Genick gekrault haben; beneidenswert, oder? Und nun komme ich Undankbarer, Hetzer, Aufrührer, Rebell?

Wo steht eigentlich geschrieben, „was man darf" und „was man nicht darf"? Bin ich alt genug, mich meines Verstandes zu bedienen, mit 50? Da rieselt manchem schon der Kalk aus der Hose, anderen guckt der Totenschein aus der Tasche. Mal schauen, was für korrekt rechtsstaatliche Mühlen gegen mich in Gang kommen. Ich rechne mindestens mit öffentlichem Rösten unter frommen Gesängen. „Blasphemie! Widerrufe, Schurke!" Es hat alles Ursache und Wirkung. Der römische Philosoph Seneca (nicht Sennewald) warnte bereits vor 2000 Jahren: „Mensch, bedenke die Folgen Deines Tuns!" Heute würde er vielleicht hinzufügen: „Besonders, wenn Du bei der Deutschen Bahn arbeitest und das auch weiter willst. Denn die verzeiht nie und vergisst nichts." Eventuell lässt sich dieser Satz ausnahmsweise mal positiv besetzen. Wäre doch eine nette Geste.

Unter öffentlichem Druck schmeißen die vielleicht

zufällig mal die Richtigen raus. Laut unserer Kuschelpropaganda werden Bahnvorstand, sämtliche Mitarbeiter sowie die gesamte reale wie potenzielle Kundschaft zu einer seligen Eisenbahnerfamilie verschrammelt – denkste! Erwächst hier ein „Loyalitätskonflikt"? Meinerseits nicht, zudem sei an den ersten Satz hiesigen Eingangsprologs erinnert. Mit Sicherheit bin ich nicht zur Loyalität gegenüber einer kriminellen Kaste und außerdem unfähigen Gesellschaft innerhalb – auch meines – Unternehmensverbandes angehalten; vielmehr verpflichtet, deren Machenschaften, wenigstens so weit als mir möglich, anzugreifen. Das ist ehrenhaft. Anlässlich dieser Tatsache gedenke ich hier der ursprünglich gewiss hehren Absicht einer lauteren Unternehmensführung in einiger Bitterkeit und Wehmut. Dann hoffe ich letzthin auf die Kraft ihrer Einsichtsfähigkeit und setze auf Vernunft. Na los, Ärmel hoch, an mir soll's nicht liegen!

Jüngst bekam – ich darf erinnern – eine Altenpflegerin vorm EUGH in Straßburg recht. Ihr sollte gekündigt werden, sie hatte Missstände in Heimen aufgezeigt. Was ist demnach „unternehmensschädigendes Verhalten"? Jedweder etwaig unterschiedlichen Interpretation desselben wurde bei der DB mit einem wirkungsmächtigen „Maulkorberlass" entgegnet. Natürlich will jeder seine Arbeit behalten und kuscht. Schädigend wirkte sich zum Beispiel aus, wenn aufgrund vorliegender Aufklärungsschrift Kunden der

Bahn fernblieben. Wie wollte man dies messen, wenn jene nicht ausdrücklich auf diesen Umstand hinwiesen. Das halte ich denn doch für einigermaßen befremdlich.

Logisch wäre es auch nicht, denn da sich jeder Mensch einbildet – auch wenn er es nicht zugibt –, etwas besser oder klüger als sein nächster Nachbar zu sein, müsste er das hier beleuchtete dumme Verhalten Einzelner immer auf andere beziehen, um sich selber keine Blöße zu geben. Es sei denn, er hielte sich für einen Vorkämpfer grenzenloser Gerechtigkeit. Diese Helden der Gegenwart fordern stets volle Freiheit für Gauner und Beknackte, deren Idealen sie sich verpflichtet fühlen.

Jener „Maulkorberlass" jedoch, als Stillschweigeklausel verstanden, bedeutet auch eine gewisse räumliche Chance: Also, Geheimnisse rausposaunen fällt schon mal weg; ich bin kein Geheimnisträger. Am allerwenigsten habe ich Zugang zu technisch relevanten Betriebseinrichtungen oder brisanten Papieren. Terroristen hätten an mir keine Freude, eher Touristen. – Alles hier Beschriebene bezeichnet lediglich für jeden Interessenten sichtbare offene Degeneration, keine überraschende Entblößung. Besser als heimlich lästern, was?

Verleumdung, üble Nachrede, Beleidigung? Diese Rechtsbegriffe sind auf die Deutsche Bahn nicht anwendbar, denn sie ist Institut, aber keine natürliche

Person oder humanes Gebilde, besitzt weder Körper noch Seele und schon gar nicht *eine* Stimme. So existiert wohl das schöne Dingwort *Stimmvieh*; aber ich könnte niemals die Deutsche Bahn als Rindvieh bezeichnen, auch wenn sie eines wäre, im Ganzen betrachtet.

Daher sei allen, die schon die Feder spitzen, um mich vor Gericht zu bringen, dieserhalb noch einmal ans Herz gelegt: Ein jeder kann, nach eigenem Ermessen, straffrei den Zugbegleiter beleidigen, egal ob Fahrgast oder DB-Bonze, aber umgekehrt darf der Angegriffene nicht Gleiches mit Gleichem vergelten, da wird er schwer bestraft. Eine zivile Klage ist ihm unbenommen, aber alle wissen um deren praktische Unrealisierbarkeit.

Das ist der einzige Grund, weshalb ich in dieser Streitschrift, meiner literarischen Freiheit folgend, den Gedemütigten SATISFACTION angedeihen lasse. Was sie im Zug nicht sagen können, hier dürfen sie. Also: „Selber Arschloch!"

Man kann auch zielsicher erwidern: „Angenehm. Übrigens, doller Name, so heißt nicht jeder." Oder: „Gratuliere! Da sind wir schon zu zweien hier."

„Zu nahe kommen" lässt sich also nur einzelnen Individuen. Sollte sich wer selbst „auf die Hacken getreten" fühlen, so identifiziere er sich und verorte seine justiziable Position. Vor jeder künstlichen Aufregung sollte er jedoch das hohe Gut der Meinungsfreiheit für *alle* Staatsbürger hierzulande, auch DB-Angehörige, wohl erwägen. Dann lässt es sich ruhig verhandeln.

Uns Mitarbeitern wird gerne als „Fürsorge" getarntes pastorales Gebaren nahegebracht, sinngemäß: Liebe Schäfchen, immer schön fressen und nicht so viel nachdenken! Kritik ist angeblich erwünscht, aber „auf dem Dienstweg" – ach, gütiger Himmel, gläubiger Sinn, oh, reine Unschuld! Herr, verzeih ihnen nicht, denn die Schufte wissen genau, was sie tun! So wird das nie was …

19. Kulinarische Heldenklage

In welch winzigen Verschlägen müssen unsere wackeren Gastronomen die *ganze* Schicht, und meist ohne Unterbrechung auf den Beinen, schwitzen, die stets Verschaukelten zaubern saftige Menüs daher, jedenfalls versuchen sie ihr Bestes.

Selbst versierte Schnitzelschmiede alter Schule vermögen mickerige Kuchenbuden nicht in Gourmetpaläste zu verwandeln, aber sie tun das Mögliche; immer potenziell bespitzelt und erschnüffelt von Testkäufern und Vorkostern, die auf Haare in der Suppe lauern, auch wenn's die eigenen sind.

Allen Spionen der Bahn, egal an welcher Stelle deponiert, sei hiermit symbolisch unvergesslich und äußerst schmerzhaft in die saftig breit gesessenen Hinterbacken gelatscht, dass die Schwarte knackt! Menschenskinder, sucht euch 'ne vernünftige Arbeit! Zu tun gibt's hier genug. Hoffentlich verröcheln diese Misthunde bei nächster Gelegenheit schnell und gründlich!

Den tapferen Zug- und sonstigen Gastronomen aber, allen stillen fleißigen Bienchen im Hintergrund, Packern, Verladern, Gabelstapelspezialisten, Reinigungskräften, die emsig im Verborgenen schaffen und bescheiden dafür sorgen, dass wir anderen nicht in userm eigenen Unrat ersticken, sämtlichen „Am-Platz-Dienstleistern", „Stewards" (maritimer Fremdwortquark bei uns „an Bord"), also „Bord"-Restaurantleitern, Köchen und Betreuern gebührt der Dank des Vaterlandes! Denn sie opfern patriotisch Zeit und Gesundheit. Natürlich werden sie auch bezahlt, na ja doch, aber neben Trinkgeld stecken sie oft die verbale Unflat einer ewig unzufriedenen Tischgesellschaft ein.

Das sehen diese moralisch verwahrlosten Agenten nicht. Aber sie registrieren akribisch den Verzehr eines Croissants, dessen Verfallsdatum überschritten ist und das bei Dienstende schnell verschluckt wird, weil der kaputt geschuftete Gastrofritze die ganze Tour über nicht dazu gekommen ist, seine ihm vollmundig zugestandene Pause zu nehmen. Denn immer war Kundschaft zu bedienen. Dieses „Vergehen" unterliegt der gleichen Bewertung wie in den Sand gesetzte Millionen. Nee, eigentlich ist das Erstere noch schlimmer: Er begeht die Straftat öffentlich. Wenn das labile Seelen nachmachen! Das geht ja gar nicht!

Aber! Eine ernste Kritik muss sein: Wenn ich künftig noch einen Kombüsenbullen mit hinten raushängendem Hemd oder die flotte Liselotte mit abgeblättertem Fingernagellack durch die Gänge trampeln sehe, wie sie missmutig vor sich her raunzen: „… hier noch jemand Kaffee …?" (das darf doch wohl nicht Sparschwein; haben die jemals Deutsch gelernt? So, wie der/die aussieht, schmeckt auch die braune Tunke – nach Pappbecher oder gar nichts, gelle?), klatsche ich den personifizierten Fehlbesetzungen höchst eigenhändig ihr Misserzeugnis ins offene Visier! Wo gibt's denn so was?! Dann sagen die Leute wieder, die alle 50 Jahre mal Zug fahren: „Typisch Bahn. Da hat sich seit 1921 nichts geändert." Na ja.

Achtung! Schnullerbacken, aufgepasst! *Wie* begegnet man Kundschaft? Hier die selbst erfundene Sennewald-Initiative: Das Kaffeetablett wie einen Weihrauchtopf vor dem Antlitz der Reisenden lächelnd hin und her schwenken – gefasste, ruhige Ansprache – fester Blick – langsam, deutlich, akzentuiert vortragen – eigene mundartliche Einfärbung sparsam gebrauchen oder nach Möglichkeit meiden: „Guten Tag, sehr geehrte Fahrgäste! Dieser köstliche, heiße, starke, unwiderstehlich duftende, dunkelschwarze, frisch gebrühte echte *Bohnen*kaffee freut sich darauf, von *Ihnen* am Platz verzehrt zu werden!" Oder auch: „… möchte Sie erfrischen, erheitern, betören, und Ihre ohnehin angenehme Zugfahrt zu einem unvergesslichen Reisegenuss steigern!" – Zu schmalzig?

Nö, das funktioniert immer! Und warum? Sehr einfach. Weil es die Menschen merken und honorieren, inwieweit eine Arbeit und Dienstleistung mit Hingabe getan, eine Ware liebevoll serviert oder nur unlustig aufgedrängt wird. Sie mögen die persönliche Ansprache durchaus, kein vorgefertigtes kaltes Bürokratendeutsch, und – sie kaufen; auch wenn sie sonst kaum Kaffee trinken. Im Prinzip nur, weil sie berührt sind von der schönsprachigen Normabweichung.

Diese nimmt der Ausführende auf die eigene Kappe. Das Alleinstellungsmerkmal fand ich ausnahmslos erfolgreich, erntete nur befreiendes Lachen und stets vergnügtes, entspanntes Miteinander bei allen Beteiligten. So macht Bahnfahren Spaß. Leider wirkt ein kleines bisschen Fantasie und selbst verfasster Humor bei den Hütern reiner Lehre irritierend, wird „von oben" misstrauisch beobachtet und ist im strengen Deutsche-Bahn-Verein nicht vorgesehen. So was könnten die hoch dotierten Service-Tanten auf ihren langweiligen Benimm-Seminaren mal einbauen, aber dazu langt's natürlich nicht. Lieber fertigen irgendwelche Psychologen stinketeure Gutachten zum Thema an, was bei mir auf zwei Seiten passt. Die Bahn leistet sich Hofnarren und merkt es nicht.

Da kommt der Barbier von Sevilla, als ein unerschütterlicher Fels im Meer der tausend Wünsche; in jeder Hand ungeheure Biere und riesige Portionen – und dort balanciert sie, die oft Gescholtene, doch nie Verzagte, auf allen Armen Tabletts voller Fleisch, Gemüse und Kaffee, galant wie immer, ihrer allerwertesten Kundschaft entgegen! Euch alle, insbesondere natürlich die vom fahrenden Volk, die ihr unterm Flügelrad versammelt seid, grüße ich hiermit als einer von euch, wie ihr seit Jahrzehnten dabei, Eisenbahner in vierter Generation, mit dem alten Schlachtruf der Sennewälder:

20. „Gut Holz!"

Wem zittern als Nächstes die Knie? – Kantinen, die montags bis freitags von 7 bis 14 Uhr geöffnet haben unter Hinweis auf ansonsten zu geringe Umsätze, sind eine kaltschnäuzige Verhöhnung aller Schichtarbeiter. Nach dieser „Logik" müssten die Fresstempel gänzlich schließen und alle entlassen werden – die geringste Kostenvariante. Dann kämen unsere Büroeisenbahner nicht mehr zu ihrem regelmäßigen Mittagessen. Undenkbar, so was! Es wird entgegnet, man könne doch im Zug verbilligt speisen. Das ist kein Argument, denn meistens fehlen Zeit und Gelegenheit dazu; auch lässt die Anzahl preisreduzierter Produkte keine Auswahl zu, an warmen Speisen sowieso nicht.

Bloß mal zur Erinnerung, damit keiner Höhenflüge kriegt: Was im Betriebs- und Verkehrsdienst, auf Zügen und in Reisezentren mühevoll erarbeitet wird, nennt man Produktivität, die kommt allen im Unternehmen zugute. Ansehen und Stellenwert des fahrenden Schichtarbeiters finden in den miserablen Öffnungszeiten unserer Kantinen, die in den letzten Jahren immer mehr verknappen, beredten Ausdruck. Also dann, es lebe die Verwaltung! Dadurch bleiben wenigstens noch ein paar Kantinen erhalten, gelle?

21. MT – das tut weh!

Bahnbetrieb ist, grob gesagt, alles, was mit dem Fahrgeschäft auf der Schiene zusammenhängt. Die dafür notwendigen strengen technischen und organisationsstrukturellen Regelwerke sind nicht von gestern auf heute erfunden, sondern in Jahrhunderten entwickelt worden. Früher sagte man zu denselben auch Fahrdienstvorschriften.

Verkehr hingegen bezeichnet bei der Bahn sämtliche Vertriebs- und Verkaufsangelegenheiten, insbesondere Kassen- und Bonierungsvorschriften, Verhaltensmaßgaben für den Umgang mit Publikum und umfasst alle möglichen monetären Anwendungen rund um Fahrkartenverkauf im Zug.

Diesbezügliche Vorgaben müssen streng „eins zu eins" umgesetzt werden, einmal aus Sicherheits-, aber auch rechtlichen Gründen. Nicht zuletzt hängt von der Effizienz unserer Arbeit die Zukunft des Unternehmens ab. Money, Kies, Moneten, Watte, Kohle, Mäuse, Pimperlinge, Koks und rollende Rubel – darum geht's letztendlich immer.

Die Forderung, insbesondere das „Mobile Terminal" (MT), unsere tragbare Fahrkartentheke im Zug, habe so gelagert zu werden, dass es vor fremdem Zugriff sicher sei, muss mit Unterschrift gegengezeichnet, also vom Mitarbeiter verantwortlich in Kenntnis genommen werden. Das wird verlangt, ohne die entsprechende Gelegenheit dafür anzubieten. Fordern lässt sich immer leicht. *Wie* wir das hinkriegen, wird großzügig der eigenen Fantasie überlassen. Ein Unternehmen, dem der Ruf vorauseilt, jeden Furz genehmigungspflichtig zu machen, und welches in den wirklich wichtigen Dingen versagt, beschädigt seine eigene Glaubwürdigkeit. Denn es gibt für die – allerdings oft langsam und unpraktisch arbeitenden, störanfälligen – Geräte, die pro Stück angeblich über 1000 Euro wert sind (eine für potenzielle Diebe wertlose Information, da sie für diese weder anwend- noch verkaufbar sind), keinen geeigneten Aufbewahrungsort.

Im Zug kann ich es immer bei mir tragen; auch nicht angenehm, aber prinzipiell machbar. Und was ist nach Feierabend? Es handelt sich um persönliche Arbeitsmittel. Deshalb sind, vor unbefugtem Zugriff gesicherte, Wertfächer notwendig. Fehlanzeige, gibt es nicht. Die einen legen es ins eigene Postfach mit „08/15-Schloss", andere schmeißen es kurzerhand in ihren Spind. Die sind nachts leicht zu knacken, da Sozial-, Umkleide- und Aufenthaltsräume für Schichtarbeiter rund um die Uhr zugänglich bleiben. Und „Kameradenschweine", wie wir bei der Armee sagten, treiben ihr Unwesen überall auf der Welt. Andere nehmen die teure Kiste, wie auch ihre Geldbörse, denn trotz täglicher Abrechnung bleiben sogenannte unbare Belege, Wechselgeld und weitere wichtige Ar-

beitsutensilien über, mit nach Hause. Was offiziell
verboten ist; Arbeitsmittel sollen im Unternehmen
verbleiben. Die ZARS (Zentrale Abrechnungsstelle)
ist, wenn überhaupt, nur werktäglich geöffnet, Über-
gabeschränke ungeeignet, Spinde und Postfächer zur
Aufbewahrung verboten. Nächtliche Fahrmeister, wo
vorhanden, haben andere Sorgen. Ja, was denn nun?
Soll ich es in den Kühlschrank zwischen alte Bem-
men packen mit der Aufschrift „Bitte nicht stehlen!"?
Zur Bank schaffen, bei der Bahnpolizei abgeben? Ein
Witz ist das, aber ein ganz mieser, auf Kosten der
Beschäftigten.

Dienst- und Privathaftpflichtversicherer halten sich
die Grauzone vom Halse, entsprechende Anfragen
werden abgewimmelt. Versicherungstechnisch ist das
Problem seit Jahren umstritten, Betriebsräte und Gewerkschaften sind ratlos, die Bahn schiebt die Sache
vor sich her und den Arbeitnehmern in die Schuhe.
Wenn was passiert – und es passiert, wenn auch selten –, fühlt sich keiner verantwortlich, den Schaden
zu ersetzen. Eine Lösung wären stählerne Sicherheits-
wertfächer *in* den fest verankerten und miteinander
stark verstrebten Spinden (aber bitte vorher MT-
Länge messen!). Doch dafür ist der Konzern – bisher – zu geizig, das flächendeckend einzuführen. Es
soll ja schon Modellversuche gegeben haben. Man
sieht bloß weit und breit keine Umsetzung des Ge-
dankens. Na danke. Nach meinem Rechtsbegriff ist

eindeutig das Unternehmen in der Verantwortung. Dann würde ich es erst mal verweigern, einer diesbezüglichen Unterschriftenhuberei nachzukommen. Ich unterschreibe doch im Privatleben auch nicht sonst was. Das Problem ist seit mindestens 20 Jahren drängend. Wir haben jetzt die Nase voll von der Hinhalterei; das Vertuscherkartell muss juristisch zum Handeln gezwungen werden!

22. „Nicht mehr alle Latten am Zaun oder was?"

Fahrgeldeinnahmen zu sichern (Verkauf und Entwertung) hat angeblich höchste Priorität. Demnach wäre es logisch, zu Stoßzeiten wie Feiertagen, Ferien, Wochenenden die Züge so zu besetzen, dass dieser mit Verve nachgekommen werden kann. Meist aber findet eine Regelung Anwendung, nach welcher die Zugfahrt stattfindet, wenn die betrieblich nötige Mindestpersonalbesetzung gegeben ist (eins zu zwei oder eins zu eins – will heißen, ein Zugchef und ein oder zwei Betreuer). Mithin kann ein ICE, der unter der Woche bei einer Fahrgastfrequentierung von rund 400 Personen „eins zu zwei" unterwegs ist – womit diese drei Personale voll ausgelastet sein dürften – Freitagnachmittag mit 800 Reisenden besetzt sein, von denen 200 stehen oder hocken dürfen, dennoch dieselbe Personalstärke aufweisen, also „eins zu zwei". Gelegentlich kommen unterwegs noch ein oder zwei „Verstärker", von denen einer nach zwei Stationen wieder aussteigt. Aber die Regel ist, dass die Bahn einfach erwartet oder voraussetzt, nebenbei würden mal 200 Leute mehr „betreut".

Für die Kunden belastend, für die Zugbegleiter mitunter quälerisch; aber man deutet sich das schön. Es soll ja „positiven" Stress geben. Ist es nicht beruflich erfüllend, von aufgebrachten Fahrgästen endlos vollgepöbelt zu werden? Unser Job!

Wenn aus Sicherheitsgründen die Zugfahrt noch bei „125, 150 oder 175 Prozent" (Schätzwerte) Fahrgastfrequentierung – bisschen langsamer dann – fortgesetzt werden soll, stellt sich unweigerlich die Frage, wessen Sicherheit gemeint ist. Immer haben „Leib und Leben" Vorrang, das „Fahrmaterial" folgt danach. Da wir uns aber alle auf Gedeih und Verderb einer riesigen Konservenbüchse anvertrauen, bringt es nicht viel, Begriffe zu definieren. Denn der einzelne Reisende mit Herzinfarkt – trotz oder wegen der vielen Ersthelfer um ihn herum – dürfte einer medizinischen Sofortversorgung jedenfalls entbehren.

Vielmehr steht die heiße Frage im Raum – auch diese übrigens seit Jahrzehnten –, wie also, lediglich die oben erwähnte Konstellage „125 Prozent bei eins zu zwei" angenommen, das schöne Geld eingenommen werden soll, mit dem unsere Oberplaner ihre Bilanzen präsentieren und Gehaltskonten voluminös auszupolstern gedenken. Jedes Wochenende sind Hunderte Fernzüge unterwegs; viele Reisende – kaum zu verdenken, denn es steht als Angebot der Bahn – setzen auf die Überfülle und kaufen nur, wenn der Knipser es bis zu ihnen schafft. Aber Vorsicht, manchmal kommt Schmidtchen Schleicher auch von hinten … Der Geschaffte braucht dann selber „Betreuung". Er überlebt gerne. Herrscht stets Personalmangel? Dies kommt aufs Auge des Betrachters an. Das Ergebnis jedenfalls ist monströs: Bis zu mehreren Tausend Euro Reinverlust pro Zug. Sehr geneigte Leserschaft, rechnen Sie das mal hoch! Gigantisch, was? Der kleine Personaldisponent kann nichts dafür, er gibt sein Bestes. Es handelt sich um ein verfehltes Planungskonzept.

23. „Wenn wir *Sie* nicht hätten ..." – Lügen kann so schön sein!

„Sind Sie bei der Bahn? Ich hab da mal 'ne Frage ..." – „Nö – hier, sehen Sie, steht doch DB – Daimler-Benz."

Aber das Schönste im Lotterverein sind Theaterdonner und Schaumschlägerei. Junge Kollegen heulen doch tatsächlich, wenn sie zu wenig gelobt werden. Die meinen das ernst! Hier mein Rat: Wenn ihr eure Arbeit ehrlichen Herzens gewürdigt wissen wollt, vertraut mir, lest diese Zeilen und richtet euch auf. Macht nicht den Buckel krumm vor „denen da oben" und verbiegt euch auch nicht zu sehr vor penetranten Kunden, die meinen, ihr seid Fußabstreicher für deren übersteigertes Geltungsbedürfnis, und euch daher durchs Gelände hetzen. Ich kenne eure Disziplin und euren Arbeitswillen genau. Lasst euch nicht besoffen quatschen und zieht Grenzen der Zumutbarkeit. Die meisten „Führungskräfte" können weder führen noch haben sie Kraft, von Ahnung wollen wir nicht reden.

Aber den Balsam für gebeutelte, entnervte, ramponierte Betreuerseelen haben diese Schauspieler so perfekt drauf, dass ich sie meiner verehrten Leserschaft keinesfalls vorenthalten möchte. Wann immer folgende Zauberformeln zu hören sind, wissen alle Bescheid. – Kommt das jemandem bekannt vor?

„Ein *Top(!)*-Kundenverhalten!" – „Sie genießen *all*

mein Vertrauen!" – „Ich bewundere Sie!" – „Wie Sie das hier managen, einfach klasse! Großartig!" – „*Jeder* kann das nicht. *Ich* könnte das nicht. Gratulation!" – „Ich bin ja *so stolz* auf Sie! Weiter so!" (Jetzt will er dich küssen – Vorsicht!) – „Wie *wir* alle das wieder mal gemeistert haben, toll. Sie sind ein Vorbild!" – „Wir sitzen doch alle in *einem* Boot, ziehen an *einem* Strang, sind *eine* große, glückliche Familie …" (Jetzt versagt ihm die Stimme, er greint und weint und schluchzt gerührt.) – „Eine eigenständige unternehmerische Leistung, wie Sie das bewältigen, einfach *sa-gen-haft* …" Achtung! Das sind i. d. R. nichts als Karrieristen und Komödianten, aber auf die sanfte Tour.

Nun lädt dich der Tunichtgut zum Kaffee ein – auf Kosten des Hauses, versteht sich, er darf das, sie haben da ein Budget –, grinst begeistert wie ein Honigkuchenpferd, dem am Schweif gespielt wird, und denkt schelmisch: Zwar verdiene ich einiges mehr als der, aber sehen wir es sportlich – dafür gebe ich ja schließlich auch mehr aus, nicht wahr …?

Was sagt man über einen Eisenbahner, der am Bahnsteig steht und tief in seiner Nase bohrt? Richtig: Er holt das Letzte aus sich raus! Hahaha – na und? Es gibt immer wieder jemanden, der den noch nicht kannte.

Man wirft mir Schwarzmalerei vor, ich wollte und würde dem Image der Bahn schaden. Natürlich. Bla,

bla, bla, bla. Ein grandioser Nonsens, so was. Soll ich mich mal positiv äußern? Bitte sehr, mache ich doch glatt: Ein Lohnarbeiter, ganz unten in der Hierarchie, wagt es, voll auf persönliches Risiko, ohne eine starke Lobby, um einiges konträr zu denken und die eigene Meinung zu veröffentlichen. Da macht sich jemand ernsthaft Sorgen um seine Bahn! Ist das nicht prima?

24. Verkehrte Welt oder Kissenschlacht im Oberstübchen

Gar nicht komisch ist die systematische Strangulierung jedweden Vertrauens in eine Personalpolitik, die schlechterdings nur als irrational bezeichnet werden kann. Wer da noch offenherzig zur Bahn kommt mit einem Urvertrauen, nach welchem „… der Arbeitgeber schon richtig entscheiden wird …", dem kann ich heuer, restlos ernüchtert, ins Gesangbuch stempeln: „Beim Eintritt hier lass alle Hoffnung fahren!"

„Flexibilität" von anderen, „Untergebenen" fordern, darin sind sie unübertroffene Meister aller Klassen! Man nennt das „Personalkarussell"; ein paar erliegen der Rotation auf Nimmerwiedersehen. Wer ist schon ein „Hansdampf in allen Gassen", wie der Volksmund singt, und kann „auf jeder Hochzeit tanzen"? So was Ähnliches erwarten die immer. Die hinterlistige Kalkulation erfängt bei einigen immer wieder aufs Neue. Einer dieser einigen war ich. Wie ein Schulbub habe ich mich reinlegen lassen. Na, aus Schaden lernt man, oder? Zur Warnung allen, denen Ähnliches droht, hier die Schilderung der Sauerei. Das ging so:

Im November 2005 fand eine große Betriebs(rats) versammlung in Leipzig statt, anlässlich welcher der damalige „Regionalbereichsleiter Ost" einer staunenden Belegschaft eröffnete, nach Lage der bevorstehenden „Leistungsvergabe" – also grob umrissen:

der Arbeitsaufträge an die Beschäftigten – für den Fahrplanwechsel Dezember habe Leipzig im Ganzen zu viel Personal, mithin Lokführer, Gastronomen, Zugbetreuer. Der Standort selber sei gefährdet. Das klang so grabestief, als hätte er verkündet, Leipzig würde abgerissen und eingeebnet. Seltsam bloß, die Verwaltung wird höchst selten „abgespeckt".

Es ist immer, Freunde, ein zuverlässiger Indikator, ob das stimmt oder nicht, wenn man sie daraufhin festnagelt, inwieweit die Verwaltung auch flexibel sein muss. Fangen sie dann an zu stottern, merkt man, ob sie uns ungeniert ins Antlitz flunkern. Was gibt's denn bei sinkendem Personalstand noch Schönes zu verwalten?

Nun ist die Verbreitung solcher Schauergeschichten alljährliches Ritual, das wie gewohnt hätte ignoriert werden sollen. Aber mit düsterer Stimmungsmache erreichen sie immer einige Altgläubige (wie mich, der ich einst noch „gelernt" habe: „Was ‚die Bahn' sagt, wird eben gemacht, fertig."), die „zu ihrem Fürst(en) gehen, auch wenn sie nicht gerufen werden". Obgleich ich diese Schlitzohren auch bereits damals, mit immerhin 43 Jahren, nicht gerade als weise Fürsten identifiziert hatte, ließ ich mich von der künstlich erzeugten Panik mitreißen. Wurde Druck ausgeübt? Na klar, ist heute aber schwer zu beweisen. Ich bekam große Angst. Meiner „freiwilligen" Bewerbung nach Frankfurt (Main) – wo sie permanent Fahrpersonal jeder Couleur suchen – folgten scheinheilige Belobigungen, Schulterklopfen, Händeschütteln. Welche Freude! Der rationalisiert sich selber weg! Wieso bloß? Bis dahin war ich in 15 Jahren schon vier Mal „betriebsbedingt" (Stichwort: Umstrukturierungen!) umgezogen; blanker Wahnsinn, denn ich war nie Ministerialbeamter, dem auch noch die Zweitwohnungsmiete nachgeworfen würde. Die dachten wohl, dann hat der ja schon Übung, was? Nee, bloß ledig, ohne Familie, lassen sie einen alt aussehen. In der so aufgebauschten Atmosphäre der Unsicherheit wurde arbeitgeberseits eine „dienstrechtliche Versetzung" für mich als Möglichkeit angedeutet. Aber ich hätte wissen müssen, dass sie schon zu Reichsbahnzeiten nicht voraussetzungsfrei angeordnet werden durfte, umso weniger nach heute gültigen Arbeitsrechtsnormen. Von engagierten Anwälten und Arbeitsgerichten wusste ich damals nichts. Das nutzen sie aus und schubsen einen rum. Ich kann nur wärmstens empfehlen, bei dem leisesten Anflug irgendeiner scheinbar harmlosen Erwartungsäußerung seitens der jeweiligen Führungskraft, die nicht den eigenen Vorstellungen entspricht, allergrößte Vorsicht und Bedenkzeit walten zu lassen. Auf keinen Fall unangebrachte Dienstbeflissenheit zeigen. Neutraler Gesichtsausdruck! Man lasse sich jedes Ansinnen schriftlich aushändigen. Sofort zum (Arbeits-)Rechtsanwalt! Laut trommeln und öffentlich trompeten, dann flattert diesen netten Vorgesetzten die Weste, weil sie keinen Ärger wollen. Es gibt eine Zumutbarkeitsgrenze, ein bestimmtes Dienstalter und Du kannst ihnen eine Nase drehen, *auch* als Lediger. Was geht diese Schnüffler überhaupt mein Privatleben an? Und wenn ich mit meinem Dackel verheiratet wäre!

Kein bisschen Bedauern, einen langjährig zuverlässigen Arbeitskameraden zu verlieren, dessen Tätigkeit nie beanstandet wurde? Seltsam, im ersten Moment. Übrigens werden Betriebsräte regelmäßig vom Unternehmen absorbiert. Will heißen, sie spielen i. d. R., von zuverlässigen Ausnahmen mal abgesehen, eine zumeist heikle, zwielichtige, wenigstens untergeordnete Rolle. Natürlich kommt das böse Wort Korruption in diesem Zusammenhang niemandem in den Sinn; woher denn? Undenkbar, oder?

Einige weitere – Lokführer, Zuggastronomen, Betreuer – sind ebenfalls „gegangen worden". Zugchefs nicht, die gelten als qualifiziert. Dazu muss man aber wissen, dass Zugchefs, für sich betrachtet, kein allein handlungsfähiges Zugpersonal sind; sie sind auf Zuarbeit angewiesen, es sei denn, sie besetzten reine Auto-, bestimmte Güter- (heute nicht mehr üblich) oder Schlafwagenzüge als Alleinstellungsmerkmal. Allerdings hatte Leipzig diese Posten damals nicht. Demnach kann nur gefolgert werden, es ging um brachialen Personalabbau um seiner selbst willen; weil eine niedrige Charge der nächsthöheren imponieren wollte.

Zufall oder Absicht? Einige wurden auch zeitweilig, für drei Monate oder so, versetzt; jedenfalls stellte sich in den Wochen um den Jahreswechsel rum klar heraus, dass der Fernverkehr in Leipzig keinesfalls, wie in schmerzverzerrtem Gestus und in leichenblassem Ernst kundgetan, kurz vor der „Abwicklung" gestanden hatte – ach wo! Die *suchten* händeringend Leute! Hätte ich man bloß noch schnell unsere Fahrmeister gefragt, zum Stutzigwerden hätte es vermutlich gereicht. Jetzt ließen sie Teilzeitkräfte Überstunden ohne Ende schrubben und stellten sogar extern Mitarbeiter ein, also, „von der Straße" oder aus anderen Unternehmensbereichen zwangsversetzt, abgeworben, im Schnelldurchgang umgeschult. Das ist anscheinend billiger, denn bei den Älteren „kosten" die Jahre.

Normalerweise ginge Umzugsbereitschaft, noch dazu in ein anderes Bundesland, positiv in die Personalakte ein; damit das nächste Mal ein anderer mit dieser Freude beglückt würde. Aber das interessiert in diesem Verein keinen mehr – im Gegenteil: Man wird noch verhöhnt für seine Gutmütigkeit. Selber schuld. Es gibt welche, die bleiben fünf Jahrzehnte am Ort.

Eine Zeit lang konnten wegen des Personaladerlasses sogar Leistungen nicht bedient werden. Dann bleiben Züge, wo sie sind, Fahrpläne werden gestreckt, oder Fremdpersonale übernehmen. Die Bilanzen fallen für die eigene Niederlassung. Und das alles nur, weil ein paar große Kindsköpfe kein anderes Spielzeug fanden als die Personaldisposition. Fragen Sie die Leipziger, ob ich recht habe! War es so oder nicht? Na also!

An dieser Stelle spätestens wären arbeitsrechtliche Schritte fällig gewesen. Gegen so eine anormale, abgrundtief menschenverachtende Rumschieberei hätte ich professionell vorgehen können und müssen. Jedoch, es war zu spät, man kämpft allein auf weiter Flur. Frankfurt hat auch sein Gutes, hier fand ich großartige Kolleginnen und Kollegen, den besten Gruppenleiter, den die Deutsche Bahn je hatte; ein Mann von edler, ehrlicher Gesinnung und festem Charakter. Und mit netten Hessen zu babbeln ist ein besonderes Vergnügen. Hammama in Hessen gewohnt, hattata Spaß gemacht! Trotzdem, wer geht schon gerne aus der Heimat weg? Vor allem: ohne Not?!

Oder sollte die Fieberaktion eine provozierte sein? Bleibt die Frage: von wem ausgeheckt und wozu? Wie bei Schweine- oder Vogelgrippe, man kriegt die Erreger nicht zu fassen. Die sind aalglatt. Was haben die davon? Kriegen sie Abschuss- oder Siegprämien? Sie können weitermelden: „Auflage erfüllt, Personalkosten gesenkt!" Die Personalchefs und Regionalbereichsleiter erstatten sich gegenseitig Vollzugsmeldung, wer am schnellsten „abbaut, demontiert, reduziert" … Schon diese unzivilisierten Ausdrücke!

Intrigante Gemeinheiten solchen Ausmaßes hatte ich bis dahin nie für möglich gehalten. Das hat mich sehr enttäuscht.

25. Donquichotterie im Nahverkehr

Mangelhafte Dienstbekleidung, defektes Arbeitsmaterial, Spannungen, die schöngeredet, Schwierigkeiten, die zugekleistert werden („Wir bleiben dran …"), derlei Reibungsverluste, welche, potenziert, dem Unternehmen schaden, sind eventuell dessen Größe und Schwerfälligkeit zuzurechnen. Es handelt sich um eine kollektive Verfolgungsparanoia. Das Abweisen jeder signifikanten Kritik als „Herabwürdigung" ist das sicherste Zeichen für die dringende Notwendigkeit derselben, insbesondere durch Mitarbeiter, da diese so ambitioniert wie authentisch reportieren. Gerade sie sind naturgemäß an einer Gesundung der Verhältnisse interessiert, werden aber mit schweren Waffen bekämpft. Die Hüter des rechten Weges haben sie als Feinde identifiziert und glauben das „Image" der Bahn durch Letztere schwer gefährdet.

Auch „Vorgesetzte" (denglische Entsprechung?) können jedoch die Karriereleiter gelegentlich wieder runterfallen. Dann backen sie kleine Brötchen bei ehemals Ihresgleichen, die sie kürzlich noch rumkommandieren wollten. Diese Überwachungsrituale – denn was machen wir ohne „Vorgesetzte"? Richtig, arbeiten! – sind durchschaubare und unter Umständen verzeihliche Schemata, die so oder ähnlich in vielen menschlichen Lebensbereichen ablaufen. Man darf nicht übersehen, dass auch jene ihre Instruktionen haben und, wie wir, sehr starkem Druck ausgesetzt sind. Sie sitzen zwischen den Stühlen, aber, und das unterscheidet uns, sie sitzen dort freiwillig und gerne. Soweit sie menschlich agieren, bei Bedarf mit anpacken, vorausschauend handeln und „auf dem Teppich bleiben", werden sie respektiert, mehr nicht. Darüber müssen sie sich klar sein.

Unser aller Nahverkehr in seiner Gesamtheit – DB-eigen, als „Tochter", Landesbahn, privat wie fremd-bestimmt – bleibt, ganz besonders hinsichtlich seiner Sicherheitslage, hoch problematisch. Er wurde als Schauerballade ohne Anfang und Ende bereits eingangs karikativ skizziert. Doch Trauer und hilflose Wut sitzen abgrundtief.

Warum bestreifen Bundes- und Landespolizei, Bahnschutz und ggf. sogar noch zivile „Securitys" zeitgleich große Knoten wie Frankfurt (Main) Hbf im Meterabstand zu dritt oder mehr bei Tag und Nacht ununterbrochen, ausgerüstet wie panzerbrechende Kampfmaschinen, während arme Zugbegleiterinnen, sogenannte „Kundenbetreuer im Nahverkehr", KIN, mit aggressiven Alkoholikern und Gruppenrandale auf Fahrt größtenteils allein fertig zu werden haben? Zugespitzt wird die Erwartungshaltung an die Bedauernswerten, indem sie Hilfe erst herbeifunken sollen, wenn die Missetat von einer möglichen zur konkreten geronnen und alles zu spät ist. Man weiß natürlich stets vorher, ob und wann der Streithahn zum Messer greift. Ein absoluter Skandal so was! Das nenne ich außerdem eine vollständig verantwortungsfreie und dezidiert fehlstrukturierte Vernebelungsethik, die dafür Zuständigen Billiger und Begünstiger von Straftaten, sie sind für Chefetagen denkbar ungeeignet. KIN hingegen werden diesem Skandal, mehr noch als Fahrgäste, ausgeliefert. Sie scheinen als Zielscheibe und Opfer prädestiniert.

Belästigte und vielfach bedrohte Reisende, bespuckte und tätlich angegriffene KIN, Pöbeleien, Sachbeschädigungen am laufenden Band usw. – es gibt täglich zuhauf wahrnehmbare, schmerzliche Bedrückungen im Nahverkehr, die unserer bundesrepublikanischen Kampfpresse nicht spektakulär genug und kaum, wenn überhaupt, anderthalb Zeilen wert sind.

„Määänsch, neulich bin ich mal (!) Bummel(!)zug gefahren; da haben ein paar jugendliche Rabauken mit 'nem Feuerlöscher die Sitze eingesprüht und dieser feige (!) Schaffner hat sich aus Angst auf dem Klo eingeschlossen!" So kam mir kürzlich zu Ohren. Zugegeben, aus zweiter Hand, aber, da Ähnliches oft zuverlässig polizeilich angezeigt worden ist, sind Zweifel an der Passage höchst unangebracht.

Empfohlen sei allen Desorientierten – und derer gibt es viele –, gewissen Revolverblättern jedes Wort zu glauben. Eine haltlos verteufelte, sensationsgeile Straßenpresse verzerrt etwa obige Aussage zu folgender inhaltlicher Missgeburt (natürlich in größtmöglichem Fettdruck): *„Schon wieder!!! Rabiater Schaffner verprügelt Kleinkinder und wirft sie aus dem fahrenden Zug!"* – Da hocken nun bahneigene Schönwetterjournalisten gelangweilt lobhudelnd übereinander. Könnten die nicht solchen Pflaster-Schreiberlingen öffentlich die Stachelbeerbeine lang ziehen?! Feige Hinterhofstatisten! Mutlose Gaffer! Richtigstellen, aufklären, verklagen! Gewiss, viel bringt das auch nicht, denn Klischees wollen bedient werden, davon leben diese nichtsnutzigen Käseblätter. Die sogenannte „öffentliche Meinung" gefällt sich darin, ehrlich, aber allein rackernde Zugbegleiter symbolisch hinzurichten. Der offiziellen Häme in Form von Müllkübeln voller tagtäglicher Diffamierungen und Lügendreck hat unsere „Abteilung Öffentlichkeitsarbeit", oder wie die schiefe Kuchenbude derzeit sonst heißen mag, nichts als Lamentos und lendenlahme Ausflüchte entgegenzusetzen. Hier piepsen Schießbudeneisenbahner wie ängstliche Mäuschen. Können die nicht begreifen, dass sie mit ihrer schlappen Verharmlosungstaktik das Gegenteil von dem erreichen, was nottäte: Rehabilitation der zu Unrecht Angegriffenen?! Nee, eben nicht, weil sie psychologische Volltrottel sind und mit den Niederungen unseres Arbeitsalltags nichts zu schaffen haben. Sie verheddern sich im eigenen Vorschriftengestrüpp: Oh Gott, was „darf" ich jetzt sagen und was nicht, ohne da und dort anzuecken? Himmelhohe Rindviecher! Irgendwo „eckt" man immer „an", doch kann ich als erwachsener Bürger, Mensch und Arbeiter im zivilisierten Rahmen alles sagen (und schreiben) – siehe den gesamten Duktus dieses Buches! Und den Mund haben wir uns bis 1989 lange genug verbieten lassen!

Wieso immer nur einstecken? Na hallo, wo es begründbar ist, *muss* man auch austeilen! Herr Mehdorn hat, meinem Eindruck nach, wenigstens diesbezüglich eine lobenswerte Haltung gezeigt. Man warf ihm „Kritikresistenz" vor. Blödsinn, er hat erkannt, dass es nichts bringt, vor einfältigen Schmierfinken zu kuschen. Die schreiben ja doch, was sie wollen. Man muss auch mal dort, wo es angebracht ist, die Faust auf den Tisch krachen lassen: Schluss mit eurer verdammten Pauschal-Hetzerei gegen die Bahn, ihr schrägen Vögel! Diese Botschaft ist zum Teil angekommen. Dürfte ja tatsächlich ein bisschen nachgelassen haben die letzten Jahre. Es geht also. Beispielsweise kann man in zäher Geduld erklären, was eine Zugfolge ist und dass sich Fern-, Güter- und Nahverkehrszüge auf denselben Gleisen bewegen. Man sollte faktisch argumentieren, über Lärmschutz, Rauchen und Alkohol am und im Zug oder Bahnhofsbereich, Verhalten von Militärpersonen auf Reisen, die leidige, hier bereits ausführlich erläuterte Gepäck- und Fahrradfrage usw., usf. – aber bitte schön mit Niveau oder gar nicht. Eine Erziehungsfrage. Dranbleiben!

Die Jacke der Verantwortung will sich natürlich niemand anziehen. Unangenehme Entscheidungen werden so lange von einem zum anderen delegiert, bis sie bei dem hängen bleiben, der den geringsten Einfluss hat. Und wer ist das? Da gibt's nur einen: na klar, den Knipser! Deshalb sind Jobs dieser Sorte nicht gerade begehrt. Der Krankenstand im Nahverkehr spricht für sich. Berufsrisiko? Die Inkaufnahme vermeidbarer Risiken aus Ignoranz nenne ich blanken Zynismus! Dann aber her mit den dicken Gefahrenzulagen; obgleich die das Dilemma nicht beseitigen.

Woher das Geld kommen soll? Die immer wieder gestellte Gretchenfrage. Nichts ist einfacher als das. Zieht es den vielen Flachzangen im Unternehmen ab! Es lässt sich auch galant formulieren: Welchen „Gefahren" ist man im Innendienst ausgeliefert? Null Problemo? Man stürzt von der Teppichkante in seinen PC? Oder die Kaffeemaschine explodiert? Mobbing und Bürointrigen? – Gut, es gibt diverse Zulagen, Verpflegungspauschalen, Fahrentschädigungen. Diese gehen am Kern der Sache jedoch vorbei. Ließe man diese Kaffeehausstrategen nach dem Rotationsprinzip auf die Züge, die würden sich putzen, wie wir Thüringer sagen! Auf einmal hätten sie alle irgendein Leiden. Nicht fahrtauglich, nachtblind, Störungen im Bewegungsapparat, Alterskrebs. Flitzpiepen, Knallkörper, Blockleitertypen! Saboteure und Querulanten – im Zug meckern, das könnt ihr prima! Von mir aus fahrt dahin, wo der Pfeffer wächst.

26. Die sanfte Tour

Es gibt tatsächlich noch Lehrer, die ihre Rasselbande im Griff haben: Auf Kommando wird der selbst verursachte Unrat aufgesammelt und entsorgt. Aber das ist die Ausnahme. Letztens schrie mir in einer atonalen Lärmlawine, welche die verzogenen Wänste wohl irrtümlich für Musik hielten, irgendwer entgegen: „… Sie waren wohl nie jung …?" Mir blieb nur: „So jung wie Sie war ich auch schon mal. Ich war vielleicht sogar noch viel jünger, Kindskopf!"

Die allermeisten Tierhalter gehen sehr liebevoll mit ihrem kleinen Freund um. Jedenfalls meinen sie es gut. Da ein Hund auf seinen Besitzer fixiert ist, scheint ihm die Reise am ehesten zumutbar. Reisende mit – großem oder kleinem – Hund sind in der Regel umgänglich.

Sie möchten weder den anderen Fahrgästen noch dem Zugbegleiter Scherereien machen; die gesellschaftliche Ambivalenz des Themas spüren sie täglich. Es gibt ausgesprochene Tierhasser, die dann sofort lospoltern, wenn Bello mal ein bisschen knurrt. Fast alle Herrchen und Frauchen haben auch eine Fahrkarte für ihr Tier und wissen, was ein Maulkorb ist. Da die Bahn „kleine Hunde im Behältnis" von einer Fahrkartenzahlung ausnimmt, gibt es immer mal wieder ein paar Unstimmigkeiten. So was ist mir suspekt. Im Zweifel gebe ich nichts auf Streit, Hauptsache, der Mensch hat seine Fahrkarte; die Hundesteuer ist ja auch nicht billig. Wenn Hund und Mensch mein Verständnis für beide spüren und freudig mit mir plaudern, bemerke ich eine seltene Harmonie und begrüße den eigenen Erfolg, wieder zwei Fahrgäste von dem Genuss des Bahnfahrens überzeugt zu haben; falls sie es nicht schon waren. Allerdings habe ich schon einen Pudel gesehen, der von seiner Besitzerin im Gedränge fast stranguliert worden ist, indem sie ihn am Halsband freihändig beim Einsteigen in den Zug schleuderte. Die elende Kreatur konnte kaum noch röcheln. Der ollen Fregatte habe ich in scharfem Ton die Leviten gelesen. Da war mir alles egal.

Wo gibt's denn so was! Dann hängten sich gleich wieder ein paar Halbidioten rein, die gar nicht wussten, worum es geht, und laberten mich an mit ihrem Dienstleistungsblablabla und dem obligaten „Scheiß Bahn". Die ließ ich wegtreten. – Vor allem, liebe Damen, ich weiß, es tut weh, aber vertrauen Sie der Gewissheit eines alten Katzenkenners: Eine Katze gehört nicht auf Reisen. Sie braucht ihr gewohntes Umfeld und vertrautes Revier. Es bedeutet ungeheuren Stress für das Tier, ob es nun miaut oder still leidet. Sperren Sie eine Katze auch nie länger in die Wohnung, auch nicht mehrere Katzen. Diese Tiere behalten sich instinktiv eigene Entscheidungen vor; sie sind Naturwesen und gehören, ohne Leine, an die frische Luft. Wenn Sie schmusen wollen, kaufen Sie sich ein sanftes Kuschelkissen für die Fahrt. Und ich bin ja auch noch da, gell?

Lieber „König Kunde"! Ich sag dir eins: Die Bahn will nur dein Bestes! Die prall gefüllte (nee?) Geldbörse. Dann benehmt euch aber dementsprechend, mit Königswürde, nicht wie Fliegenfranz und Geierwally auf Hochzeitsreise! Nicht immer erst mal, auch wenn das „naheliegt", den Zugbegleiter vollpöbeln. Was sind denn das für Manieren? Kaum seht ihr eine Uniform, oder was ihr dafür haltet, was Dunkelblaues jedenfalls, wie der Stier das rote Tuch, schon geht's los. Aber nicht so hitzig, mal geratet ihr voller Wut an einen unserer tapferen Bordtechniker, früher hießen die Wagenmeister. Die sind so muskulös, dass sie gelegentlich Wagen aus den Gleisen heben! Ja, wirklich! Und einen Hammer haben die auch immer (dabei). Wer da den starken Max markiert, kriegt 'ne saftige Kopfnuss als bleibendes Reiseandenken.

Der Zugbegleiter jedenfalls gibt stets sein Bestes und ihr seid nicht alleine auf dem Zug! Wenn ich was will, dann schnauze ich doch nicht *den* an, der mir vielleicht helfen oder den Wunsch erfüllen kann. Wer lässt sich gern beschimpfen, ihr vielleicht? Na, seht ihr. Es geht besser auf die sanfte Tour, glaubt's nur. Das sind Erfahrungswerte.

Es fährt jemand im Nachtzug von München Richtung Hamburg. Er fragt: „Sie, Herr Schaffner, können Sie mich kurz vor Hannover wecken? Da muss ich aussteigen." – „Geht in Ordnung." Als der Reisende erwacht und aus dem Fenster guckt, fährt der Zug gerade in Hamburg ein. Er schaut erregt auf den Gang, da plaudert der Zugbegleiter mit einem Kollegen. „Jo, Sie unverschämter Kerl, mir san ja gleich in Hamburg!", ruft er wütend. „Sie nasser Sack! Versager! Jo, wos is jetzt des? Teifi, do kenni mi goar net mer aus! O mei, Himmi, Kruzi, dreckade Saubahn, verfluchte …!" Da sagt der Kollege zum Schaffner: „Schnauzen dich die Leute immer so an?" Erwidert der: „Ach, der ist doch harmlos, außerdem verstehe ich ihn nicht. – Da hättest du mal den erleben sollen, den ich in Hannover rausgeschmissen habe!" – Das war ein Witz! Nur ein Witz? Erstens wird in Nachtzügen mit Sitzwagen grundsätzlich nicht geweckt und achtens dürfte es bei Personalen eher die Ausnahme sein, im Gang gelangweilt rumzuquatschen.

Es gäbe noch viele bizarre Einzelheiten aus unserem eigenartigen Berufsfeld zu berichten. Vorerst gestatte ich mir höflichst, Ihre eventuell künftige Haus-, Hof-, Leib- und Magen-Lektüre mit einer skurrilen Groteske zu krönen, einem wahrhaft menschlichen Abbild unseres wechselhaften Alltags, welche mir vor etlichen Jahren im Bahnhof Cottbus widerfuhr.

Wir hatten planmäßig, von Görlitz Richtung Berlin fahrend, etwa 20 Minuten Aufenthalt. Eine junge Mutti – Väter sind heutzutage eher selten, warum eigentlich? – schnappt sich aufgeregt Koffer und eins ihrer beiden Kinder und hetzt im Galopp durch die Bahnhofshalle ihren sie abholenden Eltern, entgegen. Ohne Zaudern greife ich mir den anderen Hosenmatz und hechele hinterher. Kein Winken noch Rufen hört die Gute. Erst am Ausgang bemerkt sie mit Schrecken, wie ich aus der Ferne sah, ihr Missgeschick und gleich darauf mich samt Wonneproppen Nummer zwei. War das eine freudige Familienzusammenführung! Nicht gerade spektakulär; aber es hätte auch böse Verwicklungen geben können. Immerhin. Der Beruf gibt doch mehr positive Erlebnisse her. Langweilig wird's hier jedenfalls nie. Gehen Sie wieder mit mir auf Fahrt! Bis bald!

Epilog

Das Arbeitsverhältnis wurde mir von der Deutschen Bahn im Jahr 2011 nach über drei Jahrzehnten treuer Dienste – im wohlverstandenen, eben gelesenen Sinne – einseitig aufgekündigt; bei entsprechendem Widerspruch vor Gericht vergleichsweise „einvernehmlich" endend in einem faulen Kompromiss. Mein „Vergehen", bei dem das Unternehmen um keinen einzigen Cent geschädigt wurde, hat null Komma nichts mit vorliegendem Geistesprodukt zu tun, sondern begründet sich aus eigenem Fehlverhalten, welches einer allzu verfänglichen, dummen Routine, jedoch auch in hohem Maße vorprogrammierten Systemimmanenz geschuldet war; aber keineswegs, wie vielfach angenommen, willentlicher und wissentlicher Spekulation. Bei ernstem Interesse unterwerfe ich den gesamten exakten Sachverhalt gerne der Öffentlichkeit zu ernsthaftem Diskurs. Mit rechten Dingen ging das alles jedenfalls nicht zu, so viel steht fest. Der Inhalt dieses Werkes war, bis auf den hier gelesenen Ausgang, natürlich vor meinem jähen und unverhofften Sturz in Sack und Tüten. Diese Tatsache lässt sich naturgemäß leicht aus dem gesamten zeitlichen wie inhaltlichen Kontext dieses Buches folgern.

Vorerst möchte ich die Gelegenheit ergreifen, auf den zweifelhaften Moralanspruch des in seinem derzeitigen Erscheinungsbild hier ausführlich hinterfragten Unternehmens hinzuweisen, welches alle verfügbaren Mittel mobilisiert, aktiviert und konzentriert, einen stets loyalen Kollegen mit größtmöglicher Energie aus dem Unternehmen hinauszuexpedieren, während es doch gleichzeitig absolut unfähig und scheinbar unwillig bleibt, das z. T. klapprige Fahrmaterial auf Vordermann zu halten (allzu schmerzhaft erlebbar beispielsweise an dem grandiosen Berliner S-Bahn-Dauerdebakel) oder seine vermaledeiten Wagenheizungs- und Klimaanlagenprobleme, welche seit mehr als 20 Jahren traurig vor sich hin dümpeln, zum ewigen Ärgernis für Kundschaft und Personale geronnen, auch nur ansatzweise zu beheben.

Sie haben mich „abserviert" wie eine ausgeleierte, verrostete alte Rangierlok, aber ich bin noch da! Die Deutsche Bahn – oder vielmehr, die als ihre Protagonisten gelten wollen – ist meiner überdrüssig geworden. Ihre Obrigkeit begründet diese Trennung scheinheilig mit „verspieltem Vertrauen". Ich spiele nicht, sondern bin gewohnt, zu arbeiten für mein Geld. Gott sei Dank ist Vertrauen nicht etwas, das gnädig gewährt wird von einer schlafmützigen Buchhaltung, deren Vertreter sich in sinnlosen Rangkämpfen und hinterlistigen Tricksereien gegenseitig aus ihrer Kaffeebude mobben, sondern ein kostbares Gut, welches sich ein ehrlicher Zugbegleiter täglich,

Minute für Minute, bei seinen Kunden und Kollegen *erarbeiten* muss! Von der Erinnerung daran kann ich mir nichts kaufen.

Schlussendlich bleibt, dass sie den Falschen rauswarfen.

Die, in der trostlosen Mechanik einer Entlassung aus dem Arbeitsverhältnis nach so vielen opferreichen Jahren involvierte berufliche Existenzvernichtung – man entledigt sich eines Menschen in seiner tiefen seelischen Not wie eines überflüssigen Gebrauchsartikels –, welche unkollegial, undankbar, eiskalt, bürokratisch und teilnahmslos an mir exekutiert wurde, obwohl andere Lösungsmöglichkeiten näher lagen, verdient nur, ebenso kurzsichtig wie irreparabel genannt zu werden. Nun muss ich lernen, sentimentale „Eisenbahnfamilientrauer" zu überwinden, denn das Leben bietet noch viel. Eine Tür geht zu, eine andere auf.

Mit der Verwirklichung hiesigen Buchprojektes sehe ich gleichwohl meine durch die Kündigung verletzte Ehre – Sie lesen richtig: diesen Ehrbegriff gibt es noch, er ist ein hohes Gut – wenigstens im Rahmen des mir Möglichen, wiederhergestellt,

versichert, mit sich im Reinen,

herzlichst, Ihr:

Wilfried Sennewald.